Estrategias y Apuntes para el Examen PMP y CAPM

Edgar Carrasco Suárez

Estrategias, apuntes, PMP, CAPM, PMI, Project Management Professional, Certified Associate in Project Management, PDU, PMBOK Sexta Edición, Dirección y Gestión de Proyectos, Tips.

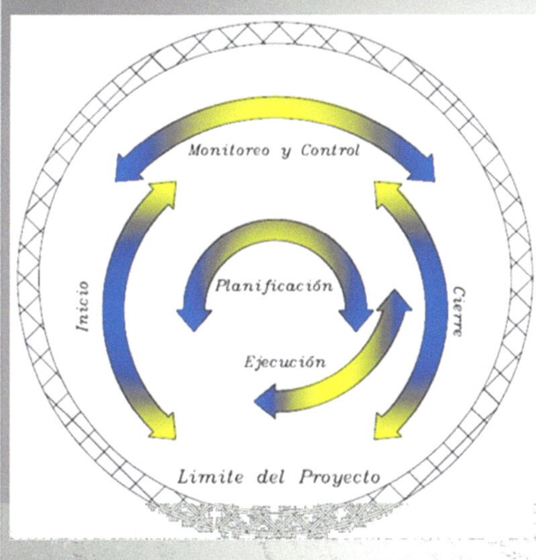

Madrid - España

Primera edición: Enero 2018

ISBN: 978-84-697-8602-4

Editado por Edgar Carrasco Suárez
Gestión y producción editorial: Edgar Carrasco Suárez
Maquetación y diseño: Edgar Carrasco Suárez
Revisión Editorial: Edgar Carrasco Suárez

INDICE

PERFIL DEL AUTOR

Graduado como Ingeniero Mecánico en 1996, con Master en PROJECT MANAGEMENT completado en el año 2013 y certificado como Project Management Professional (PMP) por el PMI en el año 2016, el autor, ha desarrollado su carrera en el área de Gestión y Dirección de Proyectos en el sector industrial en Oil & Gas y Petroquímica.

Durante el desarrollo de su carrera ha ocupado posiciones en Venezuela y en España de Ingeniero de Plantas, Ingeniero de Proyectos, Líder de Ingeniería y Proyectos, Gerente de Area y Gerente de Ingeniería, en el área técnica.

Mientras que en el área comercial, se ha desempeñado como Director Comercial y como Director Técnico de Propuestas.

También ha ejercido la docencia a nivel universitario, impartiendo asignaturas en las especialidades de Ingeniería de Mantenimiento Mecánico, Ingeniería Industrial e Ingeniería Civil.

ACRONIMOS

CAPM: Certified Associate in Project Management

CBT: Computer based test

CCPM: Critical Chain Project Management o Método de Cadena Critica

CPI: Indicador de desempeño de costes del proyecto.

CV: Variación de los costes del Proyecto

OPM: dirección de proyectos organizacional

PBT: Paper based test

PDU: Professional Development Unit

PERT: Project Evaluation and Review Techniques

PM: Project Manager

PMBOK®: Project Management Body of Knowledge

PMI: Project Management Institute

PMP: Project Management Professional

WBS: Work Breaker Structure

INTRODUCCION

Este libro está dirigido aquellas personas que buscan certificarse como PMP o CAPM en la versión 6 del PMBOK®. Es un compendio de estrategias, apuntes, notas, definiciones y glosario para complementar la formación, antes de realizar el examen de certificación, una recopilación de la preparación que hice antes de presentarme al examen de certificación PMP.

La primera sugerencia es, realizar un curso de formación en gestión de proyectos con la metodología del PMI.

El libro está dividido en 14 capítulos. El capítulo 1, es un resumen de conceptos y características. El capítulo 2, es una visión general acerca de las fases y procesos de los proyectos. El capítulo 3, es una introducción a los proyectos agiles.

Del capítulo 4 al 13, se tratan las áreas de conocimientos subdivididos de acuerdo al PMBOK® sexta edición. En algunos de estos capítulos, hay más subdivisiones de las establecidas en el PMBOK®, esto es, para ahondar en mayor profundidad en algunas áreas de conocimientos.

El capítulo 14, es un apartado dedicado a recomendaciones antes y después del realizar el examen.

Al inicio de cada capítulo de las áreas de conocimiento, esta una breve explicación, que incluye los grupos de procesos en los que está involucrado. Al final de cada uno de ellos encontraras un apartado denominado "Tips", estos son datos a considerar para la compresión y a tener en cuenta como recordatorio al momento de rendir el examen.

De igual manera, en cada capítulo se encuentra un apartado denominado "Conceptos Fundamentales", donde están los principales conceptos involucrados con el área en particular que estudia dicho capitulo y que se recomienda asimilar. Algunos de los términos están dados en inglés (con su respectiva traducción al castellano). La idea de esto es familiarizarse con los términos que encontraras en el examen, que aun cuando se cuente con la ayuda de un traductor para el caso de la modalidad CBT, al momento de seleccionar la respuesta, estas, estarán en inglés.

Para adentrarse en el mundo del PMI, lo primero es asimilar su código de ética y conducta profesional. Las cuales son: Responsabilidad, Respeto, Equidad y Honestidad.

Edgar Carrasco Suárez

Capítulo 1 – Conceptos

1.1. Conceptos Fundamentales

Antes de iniciar a estudiar para certificarte, hay conceptos básicos que debes comprender y asimilar. Esto forma parte de la planificación de tu proyecto, que es, certificarte.

Debes interiorizar, que para llegar a la cima debes ir por etapas, es como si te preparas para una carrera de fondo, debes adaptar tu cuerpo y tu mente que al escuchar un término sepas de que se trata, no te digo memorizar, es comprender y entender el concepto.

Este apartado de Conceptos Fundamentales, se repetirá al inicio de cada capítulo de este libro, con los conceptos que atañen a cada capítulo.

Certificación PMP: Certificación para personas con experiencia en dirección de proyectos.

Certificación CAPM: Certificación para personas sin experiencia en dirección de proyectos.

Objetivos: Son el punto de partida y el punto a donde debes llegar, porque se deben definir al inicio del proyecto y aunque pueden ir cambiando a lo largo de la vida del proyecto, representan lo que debes cumplir para cerrar tu proyecto.

Proyecto: Es el trabajo que se realiza una vez, para cumplir con los objetivos. Comprender bien cuando se dice una vez, es temporal, no es repetitivo.

Operaciones: Es el trabajo que se realiza de manera repetitiva. Ejemplo: Quienes editan libros, repiten un procedimiento para todos los libros que reciben y que deben publicar.

Stakeholders (Interesados): Son todas las personas naturales o jurídicas, que se ven afectadas o que influyen antes, durante o después de la ejecución del proyecto. Aquí hay que tener en cuenta, que la afectación no necesariamente tiene que ser por lo objetivos, puede incluso ser por la ejecución de una actividad para lograr algún (os) objetivo (s). Ejemplo: En la construcción de una nueva carretera, la población local se ve beneficiada por la creación de empleos en la zona, pero, estos serán de manera "temporal", al finalizar el proyecto, su contrato se dará por terminado.

Project Management Office PMO (Oficina de gestión de proyectos): Es un ente que coordina la ejecución de proyectos, en esta se centraliza el trabajo que puede ser repetitivo. Ejemplo: se encargan de estandarizar los procedimientos de trabajo de la organización a la que pertenece.

Ciclo de vida del proyecto: Comprende todas las etapas que comprenden al proyecto desde su concepción hasta el cierre del proyecto, comprendiendo los periodos de garantías que contemple el proyecto.

Ciclo de vida del producto: Es el periodo desde que nace la idea del producto hasta que dicho producto deja de ser producido y deja de estar disponible en el mercado.

Gestor de Proyectos: Sus decisiones sobre el proyecto son limitadas o aún puede ser más restrictivo, no tiene poder de decisión, por lo que solo debe llevar a cabo las instrucciones que recibe.

Coordinador de Proyectos: Tiene autoridad solo en algunas áreas o renglones del proyecto.

Project Manager: Director de proyecto con autoridad plena para la gestión del proyecto.

Sponsor (Patrocinador): Tiene la labor de procurar el apoyo y los recursos para el éxito del Proyecto.

Cliente: Representante de la organización para quien se realiza el Proyecto.

Equipo: Lo constituyen todos los miembros que realizan tareas para el proyecto.

Fase del Proyecto: La reconoces, por que al cierre de una fase siempre hay un entregable del proyecto.

Entregable: Resultado del trabajo del equipo del proyecto.

Programa: Grupo de proyectos que se gestionan teniendo en cuenta la interrelación entre ellos.

Portafolio: Lo conforman programas y proyectos.

Planificación continúa con incremento de detalles (Planificación Gradual): Consiste en planificar las tareas más inmediatas (Corto plazo) en detalle. Las tareas a largo plazo se planificaran una vez la ejecución del proyecto avance, se detallaran las tareas del largo plazo. Ejemplo: Esta estrategia es usada en proyectos de desarrollo de software.

Sistema de gestión de Información: Herramienta que se utiliza para archivar y catalogar información y distribuir la información del proyecto a los interesados.

Monitoreo: Acción de observar, vigilar lo que ocurre.

Control: Consiste en la aplicación de medidas preventivas y/o correctivas sobre algo, es decir, ocurre la intervención.

Gestionar: Hacer que las cosas ocurran.

PMBOK®: Guía oficial emitida por el PMI, contentiva del estándar y la guía para la dirección de proyectos. Es reconocida a nivel mundial.

Estándar: De acuerdo a ISO, "Es un documento aprobado por una entidad reconocida que proporciona, para uso común y repetido, reglas, pautas o características para productos, procesos o servicios, y cuyo cumplimiento no es obligatorio":

1.2. Características

Esta sección se ahonda en algunos de los términos descritos en el apartado anterior.

1.2.1. Stakeholders

Los stakeholders, deben ser estudiados y tratados con mucha atención y cuidado. Ejemplo: Un stakeholder que en el pasado no tuvo ni poder ni influencia, en el futuro, esta situación puede cambiar y puede afectar en mayor o menor grado el proyecto. La incertidumbre está en, ¿Cuánto mayor o cuánto menor puede afectar? ¿Sera la influencia positiva o negativa? Por ello debes considerar siempre los siguientes aspectos:

- Debes saber quiénes son (identificarlos desde el inicio)
- No aislarte, ni aislarlos, siempre debe haber comunicación
- Indagar, preguntar, saber que buscan, que desean (Necesidad y/o expectativas)
- Gestionar su influencia

1.2.2. Objetivos

Los objetivos son el fin del proyecto, te indican el punto de llegada, por ello son:

- Definidos al inicio
- Responsabilidad del Project Manager
- Mejorables en la planificación.
- Entendibles, medibles, alcanzables y transferibles.

1.2.3. Skills del Project Manager

Todo Project Manager debe, sino las posee, desarrollar habilidades específicas que le ayuden en su tarea de gestionar sus proyectos, debe ser, tener y saber:

- Líder
- Motivador
- Comunicativo
- Conocimiento
- Negociador
- Escucha activa
- Making team
- Tomar decisiones

1.2.4. Restricciones del Proyecto

En todo proyecto debes considerar que existe una correlación entre las restricciones y que el cambio en una de ellas, afecta al resto, por lo que cada vez que una restricción cambia, se debe analizar las consecuencias sobre las demás. Las restricciones son:

- Alcance
- Tiempo
- Coste
- Calidad
- Riesgos
- Recursos

1.3. Estructuras Organizativas

Las principales estructuras organizativas, se catalogan de acuerdo a lo siguiente:

Por Proyectos: La autoridad la tiene el Project Manager y así el todo el equipo del proyecto le reporta. Suelen estar ubicados en una misma sala. Al finalizar el proyecto, el equipo se disuelve.

Funcional: El Project Manager carece de autoridad, el equipo le reporta a cada jefe de departamento, de acuerdo a su especialidad o función.

Matricial: Es una combinación entre Funcional y Por Proyectos, el Project Manager usa los recursos de la organización y cada individuo del equipo, puede tener 2 o más jefes. Es considerada la más eficiente.

Organizational Project Management Maturity Model (OPMS): Es una herramienta que permite conocer el grado de madurez de una organización, en Gestión de Proyectos. Es una herramienta propiedad intelectual del PMI.

Marco de Gobernanza: Son los límites dentro de los cuales la organización puede ejercer autoridad, aplicando sus normas, reglamentos, etc.

1.4. Grupos de Procesos

Los grupos de procesos definidos por el PMI son cinco (05) y están en el siguiente orden:

Inicio	Planificación	Ejecución	Seguimiento y Control	Cierre

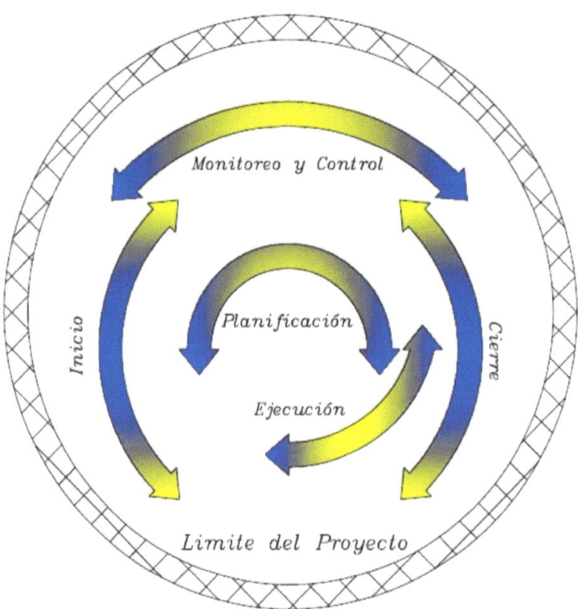

Figura No 1. Relación entre los procesos.

En la figura 1, se ha representado, como se solapan los proyectos, así vemos que; Inicio, se relaciona con planificación y monitoreo y control. Planificación está ligada a todos los grupos en mayor o menor medida. Ejecución, tiene relación con planificación, monitoreo y control y cierre. Cierre, se enlaza con planificación, ejecución, y monitoreo y control. Y, Monitoreo y control es como un paraguas, que cubre todos los procesos.

1.5. Areas de Conocimiento

Las áreas de conocimiento, según el PMBOK® son las siguientes:

4. Gestión de la Integración del Proyecto
5. Gestión del Alcance del Proyecto
6. Gestión del Cronograma del Proyecto
7. Gestión de los Costes del Proyecto
8. Gestión de la Calidad del Proyecto
9. Gestión de los Recursos del Proyecto
10. Gestión de las Comunicaciones del Proyecto
11. Gestión de los Riesgos del Proyecto
12. Gestión de las Adquisiciones del Proyecto
13. Gestión de los Interesados del Proyecto

1.6. Tips:

- Todo Proyecto debería estar referenciado por el plan estratégico de la compañía.
- Para saber si se han alcanzado los objetivos, se debe analizar el cumplimiento de los mismos.
- La mayor incertidumbre ocurre en la etapa de inicio del proyecto.
- Los interesados pueden tener influir en mayor grado durante la etapa de inicio del proyecto.
- Los costes de los cambios aumenta a medida de avanza el proyecto
- Un PM hace que las cosas ocurran, que funcionen (habilidad).
- Cada fase del ciclo de vida puede ser considerada un proyecto.
- En grandes proyectos Los 5 grupos de procesos se pueden repetir para cada etapa.
- Si la organización implementa de manera estructurada sus estrategias, a través de proyectos, programas y portafolios, se dice que trabajan en una dirección de proyectos organizacional (OPM).
- Si cambio una de las restricciones, el PM debe evaluar el impacto en el resto de las variables.
- Se debe revelar a los interesados pertinentes cualquier conflicto de interés potencial o real.
- Frente a un conflicto de interés real, nos abstenemos de participar en el proceso de toma de decisiones o influir en los resultados, excepto hasta que: Se haya revelado la situación a los interesados o se tenga un plan de mitigación aprobado y se tenga el consentimiento de los interesados para proceder.
- Directores = Director funcional / Director de proyectos = Project manager
- El Project charter es el único documento que el PMI tiene como obligatorio.
- La WBS es un documento no una técnica, la técnica de la WBS es la descomposición.
- Gold plating: Componentes innecesarios por los cuales no pagan.

Capítulo 2 – Fases y Procesos

En este capítulo se profundiza en los procesos y su interrelación, la distribución de las áreas de conocimiento y en los factores internos y externos que ejercen influencia en los proyectos.

Conceptos Fundamentales

Planes: En estos se desarrollan los lineamientos y procedimiento de actuación de cada área de conocimiento.

2.1. Inicio

En esta fase, se generan los objetivos generales, la idea es delimitar el proyecto. También el Sponsor nombra el Project Manager, se da inicio a la identificación de los stakeholders y se emite el Project Chart.

2.2. Planificación

El PM dirige 2 grupos, el primero formado por los Stakeholders, cuya tarea es generar los objetivos específicos del proyecto (Esto es, pulir los objetivos generales). Y el segundo grupo formado por el equipo del proyecto (Generalmente en esta fase, es el equipo que da soporte al PM en las labores de dirección y supervisión), que se encargara de generar los planes para cada área de conocimiento.

2.3. Ejecución

El PM gestiona el equipo, con la puesta en práctica del Plan de Dirección del proyecto.

Las principales actividades del PM en esta fase son:

- Implementar el Plan de dirección del proyecto
- Adquirir el equipo, desarrollarlo y gestionarlo
- Coordinar todos los procesos
- Efectuar las adquisiciones
- Controlar la calidad
- Distribuir información con avances del proyecto

2.4. Monitoreo y Control

El PM con el soporte del equipo de dirección y supervisión, se mantiene vigilante sobre el desarrollo del proyecto previendo mantenerse dentro de lo establecido, aplicando cambios y correctivos (el PM debe asegurarse que solo se apliquen los necesarios), siempre dentro de lo establecido en el Plan de Dirección del Proyecto. En algunos casos, esto significa volver a la fase de planificación, que lo convierte en un proceso cíclico, mediante el aseguramiento de la calidad.

2.5. Cierre

En esta fase, la primera tarea es lograr la aceptación del Proyecto por parte del cliente. Una vez logrado, se procede al cierre del contrato. Cerrar, archivar y distribuir las lecciones aprendidas. Archivar toda la información del proyecto, desincorporar el equipo y emitir un informe final del proyecto.

2.6. Distribución de las áreas de conocimiento en cada Proceso

	Inicio	Planificación	Ejecución	Monitoreo y Control	Cierre
Integración	1	1	2	2	1
Alcance		4		2	
Cronograma		5		1	
Costes		3		1	
Calidad		1	1	1	
Recursos		2	3	1	
Comunicaciones		1	1	1	
Riesgos		5	1	1	
Adquisiciones		1	1	1	
Interesados	1	1	1	1	
Sub - Total	2	24	10	12	1

Total   49   Procesos

Tabla No 1. Areas, grupos de procesos y cantidad de estos por área.

Como regla nemotécnica, puedes establecer lo siguiente:

Inicio: Intervienen 2 áreas de conocimiento, Integración e Interesados.

Planificación: Intervienen todas las áreas de conocimiento.

Ejecución: **No intervienen** Alcance, Cronograma y Costes.

Monitoreo y Control: Intervienen todas las áreas de conocimiento.

Cierre: Intervienen 1 área de conocimiento, Integración.

2.7. Factores Ambientales

En cada Proyecto que intervengas siempre estarán los factores ambientales, estos pueden ser internos o externos y pueden ser de origen cultural, laborales, sociales, de recursos humanos, entre otros.

2.8. Activos de Procesos de la Organización:

Es todo el conjunto de normas, reglas, políticas, lecciones aprendidas, data histórica y procedimientos con los que cuenta cada organización.

2.9. Disparadores de proyectos

Estos son aquellos que pueden funcionar como catalizador a la hora de dar inicio a un proyecto y pueden originarse de una problemática, de un cambio en tecnología, por protección del medio ambiente, por cambios políticos y/o legales, por oferta y demanda (mercado), Etc. Ejemplo: El cambio que se está llevando en algunos países en cuanto a combustible, para dejar de usar combustibles fósiles contaminantes, deja la puerta abierta a iniciar proyectos en energías alternativas.

2.10. Tips

- Un PM debe conocer los 49 procesos
- No es necesario aplicar todos los procesos en cada proyecto, los procesos aplicar dependen de cada caso particular de proyecto
- PMBOK® está alineado con la Norma ISO 21500
- En la ejecución se invierte la mayor cantidad del presupuesto

Capítulo 3 – Proyectos Agiles

En este capítulo, se trata lo relativo a considerar de los proyectos ágiles en los exámenes de PMP y CAPM junto con los cambios del PMBOK® sexta edición.

Para el Examen de PMP, la fecha en que se comienzan a realizar los exámenes con la sexta edición del PMBOK® es el día 26 de Marzo de 2018 y con respecto a los proyectos agiles indica: "Puede incluir enfoques ágiles y como se integran con la gestión de proyectos tradicionales".

Para el Examen de CAPM, la fecha en se comienzan a realizar los exámenes con la sexta edición de PMBOK® es el día 21 de mayo de 2018 y con respecto a los proyectos agiles indica: "Se incluyen los enfoques ágiles y como se integran con la gestión de proyectos tradicionales".

Hay un periodo entre el 12 de marzo y el 20 de mayo de 2018 que está abierta una opción para quienes optan a CAPM, llamada "CAPM Pilot Exam", en la cual se ofrece un descuento, con las condiciones de que el examen solo puede ser realizado en la versión CBT y solo estará disponible en inglés, sin la ayuda de traductor.

Conceptos Fundamentales

Proyectos ágiles: También llamados adaptativos, se realizan en ciclos repetidos, es decir, por gestión iterativa. Esto permite realizar una planificación de alto nivel, mientras que los detalles se van desarrollando a medida se avanza en el proyecto. Para lo cual, las tareas son valoradas y priorizadas de mayor a menor valor que aportan al proceso o producto.

Las tareas se desarrollan con equipos altamente capacitados y especializados, a los cuales se les hace entrega de los objetivos de alto nivel y estos gestionan el desarrollo de las tareas.

En caso de que no se dispongan de recursos con alto nivel de especialización, los equipos disponibles se deben gestionar de cerca mientras se desarrollan y logran nivel de autogestión.

Scrum: Es una técnica utilizada en el desarrollo de software, en el cual prima las acciones iterativas en base a sprint de trabajos para la entrega de productos, apoyándose en el trabajo de equipos especializados y multidisciplinarios.

Técnica de Lean: También considerada como una filosofía, busca la reducción de desperdicio, es decir reducir las tareas que no aportar valor a los procesos o al producto final.

Retrospectiva: Análisis o valoración de eventos que ya han ocurrido.

3.1. Ciclo de Vida en los Proyectos Agiles

En las etapas del ciclo de vida de los proyectos ágiles, se ha de tener en cuenta, que al inicio los costes y riesgos son altos y a medida que se avanza en el proyecto, se observara una reducción gradual de ambos.

Por otro lado, los interesados tienen una mayor participación en las actividades del proyecto que en la gestión de proyectos tradicionales.

3.2. Fases en los Proyectos Agiles

Para los proyectos ágiles y de acuerdo a las necesidades en cada iteración, se utilizaran los procesos que se requieran.

También, los procesos pueden ser realizados en paralelo, es decir, los procesos pueden ser realizados durante todo el ciclo de vida del proyecto.

3.3. Grupos de Procesos en Proyectos Agiles

3.3.1. Inicio

Durante el desarrollo de los proyectos ágiles, los requerimientos y los objetivos pueden ir cambiando o mutando. Por lo cual, los procesos de inicio se realizaran en varias ocasiones, con el fin de asegurar que los requerimientos y los objetivos están actualizados de acuerdo a los cambios que van ocurriendo durante el proyecto.

3.3.2. Planificación

La planificación en los proyectos ágiles, se realiza a un alto nivel y a medida que el proyecto avanza, se desarrolla el detalle para lograr la reducción de la incertidumbre.

3.3.3. Ejecución

Al ejecutar las actividades por iteraciones, estas se desarrollan en periodos establecidos de tiempo (cortos) y al final de cada iteración se deben presentar los resultados (Demostrar el cumplimiento).

Durante la ejecución, se debe hace retrospectiva de proyecto, con la finalidad de mejorar el conocimiento del proyecto y de desarrollar el equipo.

3.3.4. Monitoreo y Control

Con el apoyo de la lista de actividades valorada y priorizada, se gestiona el progreso de estas. Para lo cual se evalúan los resultados y en caso de ser requerido realizar cambios aprobados, estos se valoran y de acuerdo a ello se vuelve a priorizar la lista de actividades.

3.3.5. Cierre

Dado que la lista de actividades esta priorizada de acuerdo al valor aportado, esto conlleva una alta probabilidad de que un cierre temprano de una fase o un proyecto, haya generado beneficios y/o que haya culminado con éxito.

3.4. Tips

- En los proyectos iterativos, híbridos, adaptativos y agiles, la lista de actividades pendientes es priorizada por un representante del cliente (interesados) con ayuda del equipo del proyecto
- Cuando la incertidumbre sea alta, se debe gestionar una mayor participación de los interesados, con la finalidad de disminuir la incertidumbre, mejorando la planificación
- Se realizan mediciones de progreso real y del impacto de los cambios
- Las mediciones son presentadas a los interesados en forma de gráficos de tendencia
- Un cierre temprano no necesariamente representa pérdidas por costes hundidos

Capítulo 4 - Integración

El área de Integración, es la única que está involucrada con los 5 procesos. En ella, el Project Manager y el equipo implementan el Plan de Dirección del Proyecto. Por ello, podemos considerar esta área como el centro medular, ya que está conectado a cada elemento del proyecto.

Conceptos Fundamentales

Plan de dirección del Proyecto: Es el compendio de los planes de todas las áreas de conocimiento. Toda la información y documentos que se generen, deben estar incluidos en este plan. El Plan en sí, ira evolucionando a lo largo del ciclo de vida del proyecto, ya que cada actualización de alguno de los documentos o de los planes, significa una actualización para el Plan de Dirección del Proyecto y para los planes particulares que se vean afectados.

Control Integrado de Cambios: Es una herramienta de control del proyecto, es decir, controlar los cambios y evitar cambios no autorizados.

Comité de Control de Cambios: Organismo interno del proyecto, encargado de aprobar o rechazar cambios, está compuesto por el Sponsor (Voz y voto), el Cliente (Voz y voto), el Project Manager (Voz, sin voto).

Project Charter (Acta de Constitución del Proyecto): Es el documento mediante el cual se da inicio formal y oficial al proyecto.

Scope Creep (Corrupción del alcance): Ocurre cuando se realizan cambios sin la cumplir con el procedimiento del Control Integrado de Cambios.

Gestión del Conocimiento: Consiste en la evolución del conocimiento organizacional, implementado en los objetivos del proyecto, realimentado a la organización una vez que los mismo sean alcanzados.

4.1. Project Charter (Acta de Inicio)

En esta etapa, se crea y se autoriza el Project Charter, es cuando se da inicio oficial al proyecto y comienzan la asignación de recursos y tareas, para el desarrollo de este.

El Project Charter, es la herramienta que utilizada, para la designación del Project Manager y que autoriza la utilización de recursos, sean internos o externos. El encargado de firmarlo es el Sponsor y en la generación del mismo puede intervenir el Project Manager, aunque no es un requisito indispensable. Se incluye la información general del proyecto, entre las que esta:

- Justificación
- Descripción de alto nivel
- Riesgos de alto nivel
- Interesados
- Director del proyecto, responsabilidad y nivel de autoridad
- Requisitos de alto nivel
- Objetivos medibles y criterios de aprobación
- Resumen de cronograma de hitos
- Resumen del Presupuesto
- Nombre del Sponsor y nivel de autoridad que firma el acta

4.2. Planificación de la Integración

Este es el compendio y resumen de todos los planes particulares de cada área, debes tener en cuenta, que a medida que el proyecto avanza, deberás volver actualizar planes que ya están iniciados, por lo que, debes comprender, que en ocasiones para dar inicio a un plan, deberás suponer datos o enunciados, que probablemente deberás adecuar o modificar cuando dispongas de datos e información más precisa.

4.3. Ejecución de la Integración

Esta actividad consiste en llevar a cabo lo descrito en el Plan de Dirección.

4.4. Conocimiento del Proyecto

Se debe aprovechar toda la experiencia alrededor del proyecto, esto es habilidades y conocimientos de los recursos, procedimientos de trabajos internos y/o externos, lecciones aprendidas, etc. De tal manera que pueda ser aprovechado en la gestión del proyecto.

4.5. Monitoreo y Control de la Integración

Esta etapa se centra en vigilar y actuar aplicando correctivos o aprovechando oportunidades en las actividades del proyecto. Se debe prevenir y evitar cambios no autorizados por el comité de control de cambios o la corrupción del alcance (Scope creep).

4.6. Control Integrado de Cambios

Mediante esta herramienta, se controla que no ocurran cambios no autorizados y que puedan afectar el desarrollo del Proyecto. Para ello, se genera un documento que indica el procedimiento a seguir, para el análisis, presentación al comité y aprobación o rechazo del mismo. El documento también incluye los casos en los que el Project Manager puede autorizar algún cambio, sin la autorización del Comité de Control de Cambios.

El procedimiento de actuación general para aprobar o rechazar una solicitud de cambio, es el siguiente:

No	Acción	Responsable
1	Recibir el cambio solicitado y regístralo en el blog de cambios.	PM
2	Analizar el cambio, su impacto, buscar alternativas y las acciones a realizar.	PM
3	Rechazar las solicitudes de cambio que correspondan y no estén en línea con los objetivos del proyecto.	PM
4	Presentar al Comité de Control de Cambios, las solicitudes que apliquen, indicando impacto en las restricciones.	PM
5	Aprobar o rechazar la solicitud de cambio.	Comité
6	Si es aprobada, actualizar todos los documentos que corresponda.	PM
7	Realizar las acciones correctivas que correspondan para implementar el cambio.	PM
8	Actualizar el registro de cambios, este aprobado o no el cambio.	PM

4.7. Cierre

Se verifica que los objetivos se han cumplido y se verifica con el cliente su conformidad con el cumplimiento. Si el cliente no da su visto bueno, este debe informar de manera formal las razones y el PM analizara los argumentos y si el cliente está en lo correcto; se deben aplicar los correctivos necesarios para reparar los defectos.

Si el PM tras el analiza encuentra que se han cumplido con los objetivos del Proyecto; se lo informara de manera formal al cliente y se realizaran las acciones que correspondan (como última opción, se tiene el arbitraje).

En caso de recibir el visto bueno del cliente, se procede al cierre formal del proyecto.

4.8. Tips

- El plan de dirección del proyecto es la razón de ser de los PM.
- El plan de dirección del proyecto debe ser realista y aprobado por los principales interesados.
- El PM no debería aprobar los cambios, sino que generalmente lo solicita al control de cambios, aunque tiene autoridad para aprobar algunos cambios preestablecidos en la matriz de roles y responsabilidades.
- El proceso de monitoreo y control es un Control Interno.
- El control integrado de cambios es una especie de control externo, aunque se considere al comité como un organismo interno del proyecto.
- El primer paso cuando se ha propuesto un cambio es evaluar el impacto en el resto de restricciones del proyecto.
- Cuando el cliente solicita un cambio, lo primero que debe hacer el PM es pedirle que documente la solicitud de cambio
- Cuando el cliente no acepta un entregable, se cursa una petición de cambio

Capítulo 5 - Alcance

El alcance representa los límites del proyecto, una vez establecidos y acordados con el cliente, comienza la planificación, con la descomposición del proyecto en partes más pequeñas, que las podemos tratar a su vez como subproyectos (No es así en todos los casos). La fase siguiente es el monitoreo y control del alcance. El alcance lo tendremos en los grupos de planificación y monitoreo y control.

Conceptos Fundamentales

Alcance de un Producto: Consiste en definir las características y funciones del equipo. Ejemplo: La capacidad del coche es para 5 personas.

Alcance de un Proyecto: Consiste en definir los procesos y el trabajo requerido para lograr el alcance del producto. Ejemplo: Definir el trabajo requerido para realizar el movimiento de tierra para la instalación de una planta industrial.

Cuenta de Control: Es el apartado reservado para medir el avance del Alcance, el Tiempo o los Costos. Cada apartado puede contener información de uno más Paquetes de Trabajo.

Paquete de Trabajo: Nivel más bajo de cada ramal de la WBS.

Plan de Gestión del Alcance: Consiste en generar los procedimientos para elaborar el enunciado, crear y aprobar la EDT, validar el alcance y procesar y aprobar cambios

Plan de Gestión de Requisitos: Es la traducción de lo requerido por el Cliente / los Stakeholders (Necesidades y expectativas). Lo que constituye el enfoque para el desarrollo de la EDT.

Documentación de Requisitos: Consiste en indicar por qué y para qué es necesario el Proyecto (Justificación, objetivos). Definir el alcance del producto. Indicar que variables se consideraran para el aseguramiento de la calidad. Identificar las áreas de influencia del proyecto y el impacto en ellas. Así como, las asunciones iniciales.

Matriz de Traceabilidad: Se desarrollara una matriz contra la cual se comparara el cumplimiento de los requisitos establecidos contra lo logrado durante el Proyecto. Responderemos a las preguntas: ¿Estamos cumpliendo con los objetivos del Proyecto?, ¿Están en línea con la estrategia de la organización?.

5.1. Planificación del Alcance

Consiste en definir los procedimientos para realizar los procesos del alcance. Es decir, desarrollar los siguientes planes:

➢ Plan de Gestión del Alcance
➢ Plan de Gestión de Requisitos

5.2. Recopilar Requisitos

Consiste en convertir lo requerido por los Stakeholders en requisitos del Proyecto. Para lo cual se desarrollara lo siguiente:

➢ Documentación de Requisitos
➢ Matriz de Traceabilidad de Requisitos

5.3. Definir el Alcance

Aquí tomamos el alcance que tenemos en el Project Charter y lo desarrollamos en detalle. Se definen los entregables y las tareas requeridas para tenerlos. Se establecen los límites del Proyecto.

5.4. Generar la Work Breakdown Structure (WBS/EDT)

Consiste en descomponer el proyecto en partes más pequeñas, o lo que es lo mismo, en paquetes de trabajo, que hagan posible desarrollar fácilmente la planificación. La WBS, nos ayudara a:

- Tener una visión panorámica y saber en qué área debe actuar cada miembro del ET
- Establecer las bases de las estimaciones a realizar

5.4.1. Desarrollar el Diccionario de la WBS

Es la compilación de la definición de cada término que compone la WBS. La finalidad es hacer la WBS de manera resumida.

5.4.2. Generar la Línea Base del Alcance

Es un documento compuesto por el Alcance, la WBS y el Diccionario de la WBS.

5.5. Validar el Alcance

Presentar y lograr la aceptación oficial de los entregables por los Stakeholders. Esto se puede hacer al final de cada fase del proyecto o al final del Proyecto.

5.6. Monitoreo y Control del Alcance

Tarea que consiste en gestionar que solo se están realizando los entregables aprobados por el cliente, sin cambios no autorizados. De lo contrario se estaría incurriendo en corrupción del alcance (Scope creep).

5.7. Causas del Scope Creep

- No definir los requisitos
- No haber desarrollado la línea base del alcance
- Deficiencia o falta de sistema de control de cambios
- Gestion deficiente del equipo de dirección.
- No involucrar a los stakeholder en la recopilación de requisitos
- Permitir cambios en los requisitos sin que sean aprobados por el sistema de control de cambios.

5.8. Tips

- Lo que no está en la WBS no forma parte del alcance del proyecto.
- El primer nivel jerárquico de la WBS puede ser el ciclo de vida o los principales entregables
- La WBS no tiene ninguna relación de secuencia entre sus componentes
- En la WBS no se incluyen tareas, solo entregables, subentregables y paquetes de trabajo.
- El principal objetivo de validar el alcance es asegurar que cada entregable se está completando en forma apropiada y permite recomendar acciones correctivas antes de entregar el producto final al cliente.
- Los cambios son inevitables. Por ende, todo proyecto necesita un control de cambios de alcance.
- Al gestionar los cambios de alcance se debe asegurar que cualquier modificación pase a través del control integrado de cambios.
- LA WBS es una herramienta y la técnica para desarrollarla es la descomposición.

Capítulo 6 - Cronograma

Este capítulo, se centra en planificar, gestionar y controlar el cronograma del proyecto. Para ello, se calcula el tiempo que se lleva cada actividad, con que holguras contamos (positivas o negativas), como monitorear y saber si vamos bien o vamos mal. Los procesos del Cronograma, los tenemos en planificación y monitoreo y control.

Conceptos Fundamentales

Para el Cronograma, más que conceptos, te indico una serie de herramientas de cálculo y de generar redes que debes manejar con soltura, ya que cuando hagas el examen, debes resolver las preguntas del cronograma con exactitud.

Diagramas de Precedencia: Es un diagrama de red de un cronograma, que nos indica precedencia, tiempo de ejecución, relación entre las tareas (Representadas como cajas) y dirección en que se realizan las tareas. Esta es una herramienta importante, que nos permite identificar holguras, ruta o rutas críticas, consecuencias en caso de acortar o alargas tiempos, etc.

Diagramas de Red: Es la representación gráfica del cronograma del proyecto.

Estimación Análoga: Utiliza datos de proyectos anteriores para cálculos de otros proyectos.

Ventajas	Desventajas
Rápida obtención de resultados	Imprecisa
De bajo costes	No se obtiene información del proyecto
Se puede realizar con detalles generales	Generaliza los proyectos

Análisis de Reserva: Puede incluir la reserva de contingencia y la reserva de gestión.

Estimación Paramétrica: Estimación utilizada cuando disponemos de información previa de proyectos llevados a cabo con anterioridad y que son similares, es decir, misma tecnología, mismo producto, etc.

Estimación por 3 Valores: También conocida como PERT Program Evaluation and Review Technique. Es una estimación basada en tres (03) valores, una pesimista (P), una más probable (M) y una optimista. (O). Tiene dos tipos de distribución, la triangular, que se calcula con la formula (P+M+O)/3 y la Beta que se calcula con la formula (P+4M+O)/6. Esta última es la más precisa.

Critical Chain Project Management (Método de la cadena crítica): Fue desarrollado por Eliyahu Goldratt quien lo presento en 1997. Goldratt indica que los proyectos se retrasan por dos causas:

- ✓ Síndrome del Estudiante: Iniciar las actividades en el último momento.
- ✓ Ley de Parkinson: Utilizar todo el tiempo disponible para cada actividad.

El método de la cadena critica, realiza el cálculo de menor tiempo posible para cada actividad. Así, tenemos el menor tiempo en que se puede hacer el proyecto

Nivelación de recursos: Es la distribución optima de los recursos a lo largo del proyecto.

Diagramas de Gantt: Representación gráfica de las tareas, con tiempos, recursos y precedencia. Generalmente el tiempo de duración de cada tarea, se representa en barras.

6.1. Planificar el Cronograma

Consiste en generar el plan de gestión del Cronograma, estableciendo los procedimientos para gestionar el cronograma durante el proyecto.

6.2. Definir Actividades

Se deben listar y describir las actividades para completar el proyecto.

6.3. Secuenciar actividades

Se debe generar el orden de las actividades de acuerdo a las relaciones entre ellas.

6.4. Estimar la duración de las actividades

Realizar los cálculos de duración de las actividades con los recursos estimados.

6.5. Desarrollar el cronograma

Es la generación del programa bajo el cual se desarrollara el proyecto.

6.6. Monitoreo y Control del Cronograma

Consiste en realizar el seguimiento del proyecto, comparando lo planificado contra lo real.

6.7. Tips

- Las actividades tiene un principio y un fin, los hitos no tienen duración.
- Si los recursos tienen disponibilidad ilimitada, la cadena crítica es igual a la ruta crítica.
- En los proyectos cancelados o terminados (sin concluir), también se debe validar el alcance para determinar el grado de avance de los entregables.
- Si se ha detectado una diferencia entre lo planificado y lo real, pero el nuevo resultado es mejor, no se solicita un cambio sino que se actualiza la línea base del alcance.
- Si hay desviaciones importantes, se investigan causas, se proponen cambios, correctivos, preventivos y se debe consensuar con los interesados.
- La línea base del cronograma es el elemento a controlar.
- El plan de gestión del cronograma incluye la línea base del cronograma.
- La línea base del cronograma se debe actualizar cuando: Las desviaciones son muy grandes, Cuando hay errores graves en la estimación inicial.
- Los diagramas AON muestran el camino crítico y las dependencias, holguras, adelantos y retrasos.
- Los diagramas AOA muestran el camino crítico, las dependencias, holguras y tareas dummy.
- Tareas dummy: Tareas sin duración de tiempo, necesarias para mostrar dependencias.
- Los diagramas Gantt muestran tiempo y dependencias, pero no holguras.
- La holgura total es compartida por todo el camino crítico.

Capítulo 7 - Costes

El área de conocimiento de costes, está involucrada en los procesos de planificación y monitoreo y control.

Conceptos Fundamentales

Costes Fijos: Son invariables, no dependen de que la producción aumente o disminuya. Ejemplo: Costo de alquiler de equipos.

Costes Variables: Dependen del nivel de producción. Ejemplo: Consumo de gas de la caldera.

Costes Directos: Son lo que se cargan a un único y exclusivo proyecto. Ejemplo: Gastos de hotel de visita a la planta del cliente.

Costes Indirectos: Son gastos por actividades o servicios que pueden ser compartidos por varios proyectos. Ejemplo: La factura de teléfono de la organización.

Costes Hundidos o Enterrados: Gastos que se producen antes de decidir si se ejecuta o no se ejecuta el proyecto.

Costes de Oportunidad: Manera de comparar los beneficios o perdidas de elegir una opción u otra / otras opción de comprar, invertir, etc.

Capital de Trabajo: Dinero destinado a cubrir los gastos que produce el proyecto, hasta que hayan ingresos de caja.

Depreciación Contable: Valor de libro de un activo.

Depreciación Económica: Variación del precio de mercado de un activo. Ejemplo: Al salir un coche nuevo del concesionario, este pierde valor en el mercado.

Ley de rendimientos decrecientes: Si se aumentan los recursos disponibles, la producción aumenta a un más ritmo lento.

Análisis de Valor o Ingeniería de Valor: Análisis de opciones más económicas para la ejecución de las tareas.

Reserva de Contingencia: Es la reserva que se destina a los riesgos que ya se conocen. Esta forma parte de la línea base de costos y es manejada por el PM, sin pedir autorización a la dirección de la organización.

Reserva de Gestión: Reserva destinada a los imprevistos. Esta forma parte del presupuesto total y para que el PM la utilice, necesita la autorización de la dirección de la organización.

Análisis de Reserva: Consiste en agregar una reserva de contingencia o una reserva de gestión al presupuesto.

Línea Base de Costes: Constituye todos los gastos del proyecto más la reserva de contingencia.

Requisitos de financiamiento: Necesidad de financiamiento para cubrir los costes del proyecto.

Valor Actual Neto VAN (Net Present Value NPV): Mide el valor de dinero que se tendrá en gastos o inversión futuro en el presente.

Tasa Interna de Retorno TIR (Internal Rate of Return IRR): Es la tasa a la que el VAN se hace cero.

Relación Coste Beneficio (Cost Benefit Analysis) B/C: También llamada Relación Beneficio Coste. Este se mide por el cociente de Beneficio/Coste. En los costes debe estar incluida la inversión inicial.

Periodo de recuperación de la inversión PRI (Payback): Este mide el tiempo en que se recupera la inversión. El tiempo se mide en periodos y dependiendo del tiempo de inversión, puede ser medido en semanas, meses, años.

Estimación Ascendente: Utiliza la técnica de descomposición para estimar las tareas por partes con mayor precisión y luego se realiza la suma total.

Ventajas	Desventajas
Es precisa	Es un proceso lento y se debe invertir dinero
Participan los miembros del equipo en las estimaciones (Compromiso)	Si no existe data de referencia, se escogerá a criterio propio
Es de ayuda para el monitoreo y control	Se debe tener una buena base de información inicial del proyecto

Estimación Paramétrica: Utiliza bases de datos de costes por unidades para realizar las estimaciones. Ejemplo: Coste de pulgada de soldadura.

Gestión de Valor Ganado: Es la evaluación del progreso del proyecto contra las líneas bases, para obtener el estado del proyecto en coste y tiempo.

Curva S: Es la representación gráfica de la planificación del proyecto. En el ejes de las "X", tenemos el tiempo y en el eje de las "Y" tenemos el coste, es decir, Coste vs Tiempo.

PV Plan Value (Valor Planificado): Valor estimado del proyecto para un momento concreto del proyecto.

AC Actual Cost (Coste Real): Valor real a pagar por las actividades del proyecto en un momento concreto.

EV Earned Value (Valor Ganado): Valor ganado por el coste de una actividad o adquisición.

CPI Indicador de desempeño de costes del proyecto: Indicador de los gastos que han ocurrido, que permite saber si hemos gastado una cantidad superior a la planificada para el mismo trabajo.

SPI Indicador de Desempeño del cronograma del proyecto: Indicador que permite conocer, si con el gasto del presupuesto que se ha realizado, hemos completado el trabajo planificado.

CV Variación de los costes del Proyecto: Sobre precio o ahorro que lleva el proyecto en un momento concreto.

SV Variación del cronograma del Proyecto: Permite valorar el avance del proyecto, con respecto al gasto del presupuesto que se ha realizado.

BAC Presupuesto hasta la conclusión: Valor total del proyecto según lo planificado, este valor coincide con el PV al final de la planificación original.

Estimado a la Culminación (ETC): Valor total del gasto a desembolsar hasta finalizar el proyecto, a partir de un momento concreto de la planificación.

Variación a la culminación (VAC): Diferencia del valor entre lo pagado realmente y lo planificado, al final del proyecto.

7.1. Planificación de los Costes

Se realizan los procedimientos para la estimación de costes y para el desarrollo del presupuesto, así como el procedimiento de monitoreo y control del mismo. Todo esto queda resumido en el Plan de Gestión de Costes.

7.1.1. Plan de Gestión de Costes

Este plan, marca la ruta a seguir en lo relativo a costes, desde lo relativo al ciclo de vida de costes, el procedimiento y/o el método para realizar la estimación, la realización y control del presupuesto. Método de control, variaciones permitidas, acciones a tomar, etc.

Para el desarrollo, algunos aspectos a considerar (Digo algunos, porque dependiendo de la naturaleza de cada proyecto, se pueden considerar más o menos) en el plan, están dados a continuación:

- Definir el ciclo de vida de los costes
- Método de desarrollo de las estimaciones
- Definir la banda de desviación tolerable para la estimación, medido en porcentaje.
- Relación de los grupos de costes con los códigos de las cuentas de control (Establecidas en la EDT)
- Gestión del proyecto basado en el presupuesto
- Modelo de gestión a utilizar
- Método de desarrollo del presupuesto
- Definir si habrá redondeos de valores (a nivel de decimales, decenas, centenas), para establecer la precisión.
- Método y momento de realizar los análisis financieros y económicos que correspondan.
- Establecer límites de las variaciones admisibles y procedimientos de actuación

7.2. Estimar los Costes

Consiste en estimar los costes de cada una de las tareas, incluyendo los recursos y materiales necesarios.

7.3. Determinar el presupuesto

Consiste en determinar el coste total del proyecto, por el cual se debe controlar mantenerse dentro de lo establecido, es decir, la línea base de los costes.

7.3.1. Presupuesto Total

Es la suma de la línea base de costes y la reserva de gestión.

7.4. Monitoreo y Control de Costes

En esta actividad vale recordar que monitoreo es observar, vigilar. Y control, es actuar, intervenir. Entre las principales actividades se tienen las siguientes:

Monitoreo de costes

- Para llevar a cabo el monitoreo, se debe utilizar el Earned Value Management (Gestión del Valor Ganado), cuyas formulas están desarrolladas en la sección 7.5. de este libro.
- Vigilar que el flujo de caja como desembolso de pagos, salarios, cuentas, deudas, etc. Este acorde con lo estipulado como gestión del presupuesto.

Control de Costes

- Intervenir y actuar (Gestionar) sobre los cambios.
- Hacer uso del control integrado de cambios.
- Informar a los stakeholder de los cambios aprobados y/o rechazados, de acuerdo a lo indicado en los planes.

7.5. Earned Value Management (Gestión del Valor Ganado)

Para realizar el monitoreo y control del tiempo y de los costes, se usa la herramienta Earned Value Management (Gestión del valor ganado). Son indicadores que nos permiten responder preguntas como ¿El proyecto va con retraso o va con adelanto?, ¿Vamos con sobrecostes?, o por el contrario, ¿Hemos ahorrado dinero del presupuesto?

Esta herramienta utiliza 3 factores básicos para el análisis, que son los siguientes:

> - Valor planificado (PV: Plan Value)
> - Costo real (AC: Actual Cost)
> - Valor ganado (EV: Earned Value) o valor del trabajo realizado

7.5.1. Gestión del Análisis de los Costes (CV / CPI)

Esta se realiza calculando los valores de CV y CPI, cuyas fórmulas de cálculo y método de análisis están dados a continuación:

$$CV = EV - AC \qquad\qquad CPI = EV / AC$$

- CV (+) Es símbolo que se trabaja con buena gestión de costes.
- CV (-) Se desembolsa más dinero del que se ha presupuestado

- CPI > 1 Es símbolo que se trabaja con buena gestión de costes.
- CPI < 1 Se desembolsa más dinero del que se ha presupuestado

7.5.2. Gestión del Análisis del Calendario (SV / SPI)

En este caso, calculamos SV y SPI, cuyas fórmulas de cálculo y método de análisis están dados a continuación:

$$SV = EV - PV \qquad\qquad SPI = EV / PV$$

SV (+), indica que el Proyecto va con adelantado

SV (-), indica que el Proyecto va con retraso

SPI > 1, indica que el Proyecto va con adelantado

SPI < 1, indica que el Proyecto va con retraso

7.5.3. Proyecciones de Costes

Presupuesto hasta la conclusión (BAC: Budget at completion)

Estimación a la conclusión (EAC: Estimate at completion)

Estimación hasta la conclusión (ETC: Estimate to complete)

$$EAC = AC+(BAC-EV) \qquad EAC = BAC / CPI \qquad ETC = EAC - AC \qquad BAC = PV \text{ total}$$

7.5.4. Indicé de desempeño del trabajo por completar (TCPI)

$$TCPI = (BAC - EV) / (BAC - AC)$$

TCPI > 1: La proyección indica que el proyecto se excederá del presupuesto.

TCPI < 1: La proyección indica que el proyecto se mantendrá dentro del presupuesto.

7.5.5. Variación a la Conclusión (VAC)

$$VAC = BAC - EAC$$

VAC < 0: Se tiene un gasto mayor al presupuesto

VAC = 0: Se ha cumplido con el presupuesto

VAC > 0: Ha habido ahorro del presupuesto

7.5.6. Ejemplo grafico de la Curva "S"

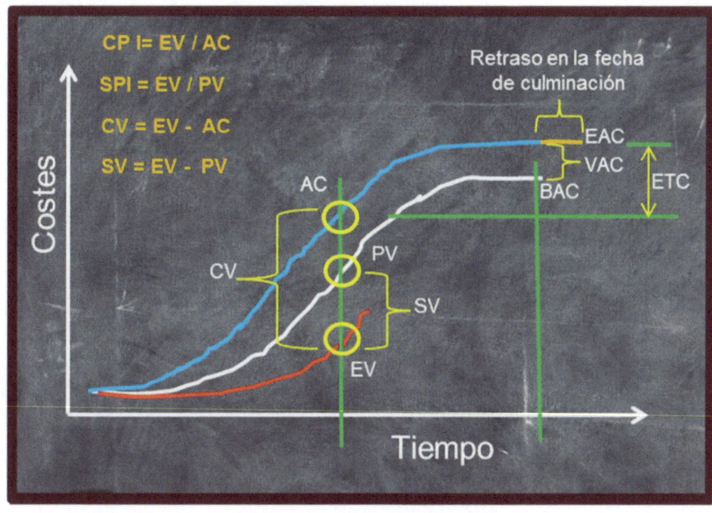

Figura No 2. Curva "S"

De la figura No 2, puedes tomar como regla nemotécnica lo siguiente:

- ➢ Hay 4 fórmulas fundamentales
- ➢ Las 4 fórmulas comienza por EV
- ➢ Las 2 fórmulas de costes se relacionan con AC
- ➢ Las 2 fórmulas del calendario se relacionan con PV
- ➢ Para cada par de fórmulas, una es restar y la otra dividir

7.6. Evaluadores Financieros

También se tienen los evaluadores financieros como herramientas, que se utilizan para formular, evaluar y de monitorear y controlar los proyectos. Entre los cuales mencionamos:

- ➢ Valor neto actual

$$VNA > 0 \quad \text{Invertir} \qquad\qquad VNA < 0 \quad \text{No Invertir}$$

Si comparas entre varias opciones, debes elegir la de mayor VNA.

- ➢ Tasa interna de retorno (TIR)

La comparación se realiza contra un patrón, es decir, contra una tasa mínima en porcentaje conocida, que llamaremos Tmin, asi:

$$TIR > Tmin \quad \text{Invertir} \qquad\qquad TIR < Tmin \quad \text{No Invertir}$$

Si comparas entre varias opciones, debes elegir la de mayor TIR.

- ➢ Relación coste beneficio (B/C)

$$B/C > 1 \quad \text{Invertir} \qquad\qquad B/C < 1 \quad \text{No Invertir}$$

- ➢ Periodo de recuperación de la inversión (PRI)

Con este evaluador, debes tener cuidado al elegir por el tiempo de recuperación de la inversión, ya que el de menor tiempo de recuperación de la inversión, no significa que sea rentable. Lo recomendable, es comparar con algo adicional. Por ejemplo: VAN, TIR, B/C.

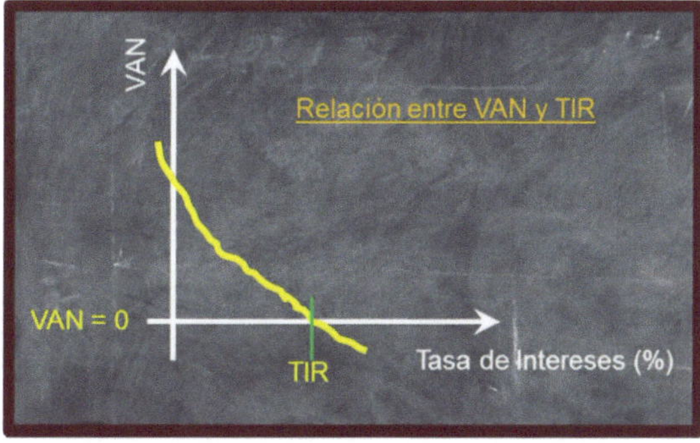

Figura No 3. Relación entre VAN y TIR.

7.7. Tips

- Los costes hundidos no deben considerarse en la evaluación económica del proyecto
- La depreciación es deducible del impuesto a las ganancias
- En la zona de rendimientos decrecientes, los costos crecen a tasa creciente
- En proyectos pequeños planificar, estimar costos y determinar el presupuesto podrían realizarse en un solo proceso
- Ahorrar € en etapas tempranas del proyecto podría representar un incremento grande de € más adelante
- Puede que no se tengan los planes de recursos humanos y riesgos al inicio, pero hay que tener en cuenta que, estimaremos los costes en un proceso iterativo, a medida que se tienen más datos
- Las reservas para contingencia forman parte de la línea base de costes y el PM las administra sin solicitar autorización a sus jefes
- Durante el proceso de preparar el presupuesto se establece la línea base de coste del proyecto (Costes + Reservas de contingencia)
- La reserva de gestión forma parte del presupuesto y el PM requiere autorización para utilizarla. Esta reserva no forma parte de la línea base de costo, por lo que no se considera en el cálculo del valor ganado
- Cuando se consume parte de la reserva de gestión para financiar trabajo imprevisto, es necesario incorporar este cambio en la línea base de costo
- La línea base se asemeja a una "S" porque la mayoría del presupuesto se consumen en la ejecución
- Cualquier incremento de costos en relación al presupuesto aprobado, debe ser autorizado mediante el control integrado de cambios
- La relación coste beneficio, es usado generalmente en proyectos de área de la salud y proyectos sociales
- El responsable contable del proyecto es el PM
- Estimación análoga = Top down = Estimación descendente
- Cuenta de control = Estimado + Reservas de contingencia
- El CPI presenta su mayor variación al inicio, a partir del 20% de avance las desviaciones se mantienen constantes
- El TIR máximo significa que el Valor actual neto es cero (VAN = 0)
- TIR máximo es el riesgo máximo que se puede soportar
- Pay back = Inversión, se escoge el menor

Capítulo 8 - Calidad

El área de conocimiento de calidad, interviene en los procesos de planificación y de ejecución.

Conceptos Fundamentales

Precisión: Estar dentro de las especificaciones.

Exactitud: Estar dentro del rango establecido.

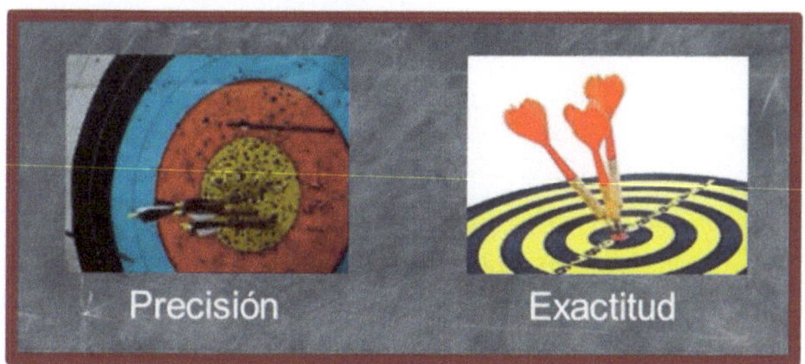

Figura No 4. Precisión vs Exactitud.

Calidad (De acuerdo a American Society for Quality): El grado en el que un proyecto cumple con los requisitos.

Corregir: Corregir los fallos detectados en la inspecciones.

Calidad (De acuerdo a Ishikawa): Diseñar, producir y mantener un producto que sea el más económico, el más útil y siempre satisfactorio para el consumidor.

Control de Calidad: Es cumplir con los estándares de calidad establecidos.

Aseguramiento de la Calidad: Es estar dentro del rango permitido en cada variable.

Definir la calidad: Indicar cuales son las especificaciones de trabajo. Por ejemplo: Código ASME, API.

Costes de Conformidad: Son los costes asociados a diseño e implantación de políticas, a inspección, control, aseguramiento etc.

Costes de no conformidad: Son costes asociados a fallos o errores. Estos pueden ser internos o externos. Por ejemplo: Fallo mecánico de un equipo, incumplimiento de las normas de calidad por parte de un tercero, etc.

Eventos mutuamente excluyentes: Esto ocurre cuando un evento, inhabilita la ocurrencia de otro evento.

Eventos estadísticamente dependientes: Es cuando la ocurrencia de un evento, depende de la ocurrencia de otro evento.

Plan de mejoras del proceso: Plan que busca lograr la efectividad de las tareas, de tal manera que se diseña un procedimiento para seleccionar actividades que no aportan valor al proyecto y estas son eliminadas.

Diagrama de flujo: Descripción grafica de un procedimiento, en el cual se indican los pasos y la secuencia que debe seguir.

Diagrama de Pareto: Representación gráfica de la ocurrencia numérica de fallos. Se suele representar de mayor a menor ocurrencia (De izquierda a derecha).

Ley de Pareto o Principio 80/20: El 80% de los fallos se debe al 20% de las causas.

Histograma: Representación gráfica de distribución de frecuencias clasificadas en categorías.

Diagrama de control: Evaluación de la tendencia de un proceso en el tiempo.

Diagrama de dispersión: Grafica de tendencia de una variable en el tiempo, respecto a su relación con otra variable.

Métricas de calidad: Parámetros objetivos que se utilizarán para medir la calidad del proyecto.

Teorías de la Calidad:

Edwards Deming Plantea 3 conceptos: • La reacción en cadena • Los 14 pasos para la calidad total • El ciclo de mejora continua: "plan-do-check-act"	Phillip Crosby, la calidad debe ser comprendida por todos. La calidad se define como "conformidad con los requisitos".El sistema para administrar la calidad requiere de la prevención en lugar de la inspección. Hay que definir estándares de desempeño que no dejan dudas.
Joseph Moses Juran plantea lo siguiente: La trilogía de la calidad: 1ero Planificar la calidad 2do Controlar la calidad 3ero Mejorar la calidad Popularizo el principio de Vilfredo Pareto – 80/20. El 80 % de los problemas, los causa el 20 % de las variables. Participación activa de la directiva en la gestión de calidad.	Kaoru Ishikawa Implanta las teorías estadísticas para el control de calidad y plantea 7 herramientas de calidad: • Diagrama causa-efecto: La Raiz de los problemas. • Diagramas de flujo: Ruta a seguir. Hojas de verificación: Recolección y manejo y almacenamiento de data. • Histogramas • Diagrama de Pareto • Diagramas de control: Monitoreo las variables • Diagrama de dispersión

Compatibilidad del PMBOK® y las teorías de calidad:

El PMBOK® es compatible con las siguientes teorías de calidad:

- Six Sigma
- Revisiones del diseño
- Mejora continua
- Costo de la calidad (COQ)
- Deming, Juran, Ishikawa, Cosby
- ISO (Organization for Standarization)
- TQM (Total Quality Management)
- Análisis de modos de fallo y efectos

14 pasos para alcanzar la gestión de la calidad total:

1. Hacer que todos conozcan la visión, misión y objetivos	8. Mejorar y mejorar. Innovar
2. Aprender la nueva filosofía	9. Hacer un bloque de trabajo. Making team.
3. Hacer entender el por qué y para que de la inspección	10. Hacer que el trabajo se haga por convicción, no porque lo ordena una autoridad
4. No asignar trabajos basándose solamente en el precio	11. Hacer los objetivos numéricos realistas y alcanzables
5. Mejora continua	12. Crear pertenencia al personal hacia la empresa
6. Darle las herramientas de desarrollo a las personas. Entrenar, capacitar.	13. Promover el desarrollo profesional y personal
7. Liderar.	14. Responsabilidad y compromiso por la dirección.

Siete nuevas herramientas de calidad:

Diagramas de afinidad (Affinity Diagram): Organización de ideas por grupos de interés común.

Diagrama de programación de proceso de decisiones (*Process Decision Program Chart* PDPC): Es usado para analizar los objetivos y los pasos para alcanzarlos, identificando las situaciones no deseadas que impidan alcanzar los objetivos.

Diagramas de relaciones (Relationship Diagrams): Se utiliza para analizar un problema. Orientándose en todas las posibles causas y consecuencia y las posibles conexiones entre ellas.

Diagrama de árbol (Tree Diagram): Es usada para descomponer en partes más pequeñas actividades o tareas, de tal manera, de que sean menos complejas. Un ejemplo es la WBS/EDT.

Matriz de priorización (Prioritization Matrix): Es un método, que a través de la ponderación de las opciones disponibles y los criterios de evaluación, permite ordenar las opciones por la puntuación obtenida. Se selecciona la que obtenga la mayor puntuación.

Diagrama flecha (Arrow Diagramming Method ADM): Tambien conocidoa como diagramas de red. Permiten ordenar las actividades, señalando con flechas las secuencias a seguir. Ejemplo: Diagrama de Pert.

Diagramas matriciales (Matrix Diagram): Es usado para establecer relaciones entre los factores de estudio, sean problemas, objetivos, etc. Puede ser usado para definir las relaciones entre los requerimientos.

Mejora continua de acuerdo a Kaizen y Kairyo:

Mejoramiento	Innovación
Kaizen	**Kairyo**
• Muchas mejoras pequeñas	• Una gran mejora
• Re-ingeniería de RRHH	• Re-ingeniería de procesos
• Poca inversión	• Gran inversión
• Alto rendimiento	• Bajo mantenimiento
• Involucra a todos	• Involucra a los "elegidos"
• Experiencia convencional más ciclo plan-do-check-act	• Innovación tecnológica u organizacional

8.1. Planificación de la Calidad

En este proceso, indicaras cuales son las especificaciones de calidad del proyecto, razón por la cual, deben ser acordadas con los Stakeholders (cliente). Ya que al momento de la entrega, la calidad establecida y aprobada, indicara la aprobación, el re trabajo o el rechazo del proyecto.

Por esto se deben seguir los siguientes pasos:

1. Definir la calidad
2. Convertirlos en requisitos
3. Establecer las métricas de medición
4. Establecer los procedimientos para el control de calidad
5. Establecer los procedimientos aseguramiento de la calidad.

8.2. Ejecución de la Calidad

Se llevan a cabo los procedimientos generados en la planificación.

8.3. Monitoreo y Control de Calidad

Se Controla la calidad (Monitoreo) y se Asegura la calidad (Control).

Se realizan tareas como:

Inspeccionar: Detectar los fallos o elementos fuera de especificación, para evitar que lleguen a los stakeholders.

8.4. Aseguramiento de la Calidad

Se realizan tareas como:

Prevenir: Para evitar que ocurran fallos.

Ejecutar Análisis Causa Raíz: Para resolver las causas que han originado fallos.

Ejecutar el Procedimiento de control de cambios, en los casos que sea necesario.

8.5. Costes de Controlar la Calidad

De Conformidad

Costes de prevención	Definir y establecer las especificaciones
	Mantenimiento preventivo
	Entrenar al equipo
Costes de Evaluación	Realizar inspecciones
	Actividades de control de calidad
	Actividades de aseguramiento de calidad

De No conformidad

Fallos internos	Reparación de defectos
	Re-procesos
	Corregir procedimientos
Fallos externos	Defectos detectados por el cliente
	Penalizaciones
	Garantías

8.6. Tips

- Diferenciar grado de calidad (prestaciones). En los proyectos la falta de grado no es un problema, mientras que la falta de calidad seguramente lo sea.
- El PM y su equipo deben planificar el grado de exactitud y precisión que requiere el proyecto.
- Trabajar en reducir los costes de falla en la etapa de planificación ayuda mantener control sobre los costes.
- Las mismas herramientas utilizadas para planificar la calidad y controlar la calidad, pueden utilizarse para asegurar la calidad.
- En caso que el departamento de calidad no exista, las Auditorias debe realizarlas el PM.
- Con las auditorías hay que dar respuesta a los siguientes interrogantes: ¿Se están aplicando las políticas y normas de calidad?, ¿Son efectivos y eficientes los procesos actuales?
- Otro tipo de diagrama de control es el diagrama R, que mide la amplitud de las variaciones, o sea, la diferencia entre una medición y la siguiente.

Capítulo 9 – Recursos

En esta área, se define todo lo relativo a los recursos del proyecto, tales como roles y responsabilidades por paquetes de trabajo, el momento de incorporación y desincorporación, los conocimientos y habilidades de cada persona, la formación en caso de ser necesario y los recursos que se necesitan. También se define la ubicación física de los miembros del equipo, ¿Estará todo el equipo en una sala? O ¿Habrá diferentes ubicaciones? Esto último puede ser, en otra planta del mismo edificio, en otro edificio, en una calle diferente, o inclusive, en otra ciudad o país.

También se define el organigrama del proyecto, así como la asistencia a reuniones, el idioma del proyecto, barreras que pueden crear otros idiomas o las diferencias culturales.

Por otro lado, se debe declarar el convenio colectivo, recompensas por individuo y grupo, tipo de organización en la que se desarrolla el proyecto, alianzas, relaciones formales o informales.

Recursos lo encontramos en los grupos de planificación y monitoreo y control.

Conceptos Fundamentales

Rol: Es la posición oficial que ocupa la persona en la organización.

Responsabilidad: Son las tareas que debe ejecutar cada persona.

Poder formal: Poder que detenta una persona por el rol en la organización.

Poder referente: Cuando la persona viene referido por un miembro de la organización.

Poder de recompensa: Poder de manejar las recompensas y de influenciar en cada persona.

Poder de penalizar: Poder para influenciar basado en amonestaciones.

Poder experto: Poder para influenciar, basado en la experiencia y formación que se aporta.

Matriz RAM (Responsibility Assignment Matrix): Es una matriz en la que se define la responsabilidad de cada persona del equipo. Cuando existen dudas de quien debe ejecutar una tarea, se consulta la matriz RAM.

Matriz RACI: Matriz en la que define la persona responsable (Responsible), la que aprueba (Accountable), a la que se le consulta (Consulted) y quien o quienes deben estar informados (Informed).

Organigrama: Documento donde se plasma la línea de mando que existe en la organización o proyecto.

Liderazgo directivo: Se dictan las órdenes y el equipo las ejecuta.

Liderazgo delegativo: La responsabilidad de las decisiones recae en cada persona.

Liderazgo facilitador: El líder coordina que se ejecuten las tareas.

Liderazgo participativo: El líder se involucra en la ejecución de las tareas.

Liderazgo por consenso: Las decisiones son tomadas por decisiones grupales.

Liderazgo consultivo: El líder guía al grupo.

Liderazgo autocrático: Es un liderazgo dictatorial.

Histograma de recursos: Es la representación gráfica de la cantidad y tipo de recursos que necesitan durante un tiempo determinado. Normalmente debería forma la forma de la campana de Gauss.

Modelo de Tuckman: Es un modelo que indica los pasos para realizar el desarrollo de los equipos de trabajo. Fue postulado por el Dr. Bruce Tuckman como un modelo cíclico, formado por 5 etapas, en las cuales se comienza con la formación, se pasa a la tormenta, luego la normalización, pasado de esta al desempeño y por ultimo a la disolución, dando paso nuevamente a la etapa inicial de formación.

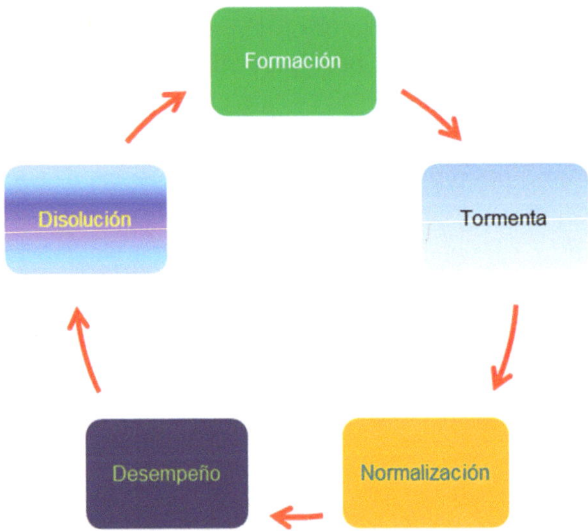

Figura No. 5. Modelo de Tuckman.

Teoría de Maslow (Jerarquía de las necesidades humanas) : Abraham Maslow, desarrollo una teoría enfocada como una pirámide, en la cual, se debe fortalecer la base para alcanzar el tope. Esto es, para alcanzar la autoestima y la estima, deben ser cubiertas primero las necesidades fisiológicas, de seguridad y las sociales.

Figura No. 6. Teoría de Maslow.

Primero, comer, beber, dormir, respirar (fisiológicas). Luego, tener acceso a vivienda, a salud (Protección). Luego, interacción con relaciones amorosas, familiares, de amistad (Sociales). Para llegar a lograr el reconocimiento (Estima) y alcanzar la autoestima.

Teoría de Mc Gregor (El lado humano de las organizaciones): Douglas Mc Gregor, postulo una teoría donde divide a las personas en 2 grupos, "X" e "Y", que los distingue de la siguiente manera:

Teoría "X": Son personas a deben ser empujadas hacer las tareas, que no muestran iniciativa propia por la labor (Personas "X").

Teoría "Y": Son personas emprendedoras, con iniciativa, que buscan soluciones y hacen el trabajo sin necesidad de que se los digan (Personas "Y").

Teoría de las necesidades (Logro, poder, afiliación): **David McClilland,** esgrimió que de acuerdo a las necesidades individuales que posea cada persona, de esta manera actuaran. Así tenemos que quien busca poder, necesita sentirse reconocido por su autoridad, por un rol designado. Quien busca afiliación, será una persona que busque la confluencia del grupo (Making team). Y quien busca el logro, buscara retos, poner a prueba sus habilidades y conocimiento y lograr el triunfo.

Teoría de las expectativas: **Victor Vruum,** describe en su teoría, las expectativas, las recompensas y la relación entre estas. Primero hay que ver que busca la persona, busca dinero, cubrir sus necesidades básicas (Mantener un empleo estable), desarrollarse, etc. Luego, tenemos lo que logra al cumplir sus expectativas, ¿Logro el sueldo que deseaba?, ¿Está conforme con ello? Si no lo está, ¿Cómo puede lograr su recompensa?, ¿Haciendo horas extras?, ¿Logrando que el grupo trabaje con mayor esfuerzo?, y una vez que lo logra, debe mantener el nivel, para ello, inicia nuevamente el ciclo.

En pocas palabras, si la persona sabe que el esfuerzo hará que logre la recompensa, luchara y utilizara los medios y las herramientas para lograrlos. Ejemplo: Si a una persona le dices, el trabajo se hace en un mes, pero si lo terminas antes, se te pagara el mes completo, la persona tratara por todos los medios de completar el trabajo antes del mes.

Teoría de la fijación de metas: **Edwin Locke,** propuso una teoría sobre la fijación de metas, por supuesto, no debemos olvidar que no es solo alcanzar la meta (Culminar el proyecto), debemos hacerlo en tiempo, dentro del presupuesto, con la debida calidad, con los recursos asignados y con el menor riesgo posible.

Locke, propone que se deben establecer los objetivos, los cuales deben ser: Concretos, medibles y realistas. Pasar luego a establecer los medios y el tiempo (poner el reto). Luego la estrategia, ¿Cómo mantener la motivación del equipo?, esto ocurre con frecuencia en proyectos largos (Hablo de años), para ello, debes hacer que se comprometan, pero hacerlo convenciéndolos con argumentos. También hay que aprender de los errores, pero aplicar correctamente el "Aprender", comprender que no es "Castigar". Debes lograr que con la retroalimentación se mejore en conjunto.

Teoría de Higiene y Motivación: **Frederick Herzberg,** desarrollo esta teoría, que indica cómo se relacionan las condiciones del medio ambiente laboral, tanto físicas, como de reglamentos y regulaciones, con los agentes motivadores que llevan a lograr las metas. Vale destacar, que Herzberg baso su teoría en encuestas realizadas en diferentes empresas en el área de Pittsburg.

Factores higiénicos: Son lo que están fuera de control de la persona. Ejemplo: La organización está ubicada en un edificio de 50 plantas. Los baremos para establecer el sueldo de cada persona, etc.

Factores motivacionales: Son los que la persona puede mantener bajo su control. Ejemplo: La autoestima, la responsabilidad, los logros.

Teoría Z: **William Ouchi,** formulo su teoría, basándose en la cultura de las organizaciones Japonesas. Ouchi estableció que a las personas se les debes tratar con Confianza, que se les debe dejar ser libres, sin control. Tambien, indica que las relaciones laborales, van más allá de la verja de la organización, debe haber Intimidad y preocuparse por el bienestar de las personas, mantener relaciones sociales estrechas. Por otro lado, establece que todos somos entidades diferentes, por lo cual reaccionamos de manera distinta a diferentes situaciones, por lo que se debe tratar con Sutileza. En resumen, los ítems principales de la Teoria Z son:

- ➢ Confianza
- ➢ Intimidad
- ➢ Sutileza

Strength Deployment Inventory®: Desarrollado por el Dr. Elias Porter, evalúa cada persona de acuerdo a su color individual o combinación por pares de ellos. Para cada color tendremos lo siguiente:

Azul: Altruista - Protector. Son justicieros, pero a la vez ingenuos.

Rojo: Asertivo - Director. Son ambiciosos y buscan llegar a los objetivos.

Verde: Analítico – Autónomo. Buscan resolver por sí mismos. No delegan.

Pasos para la resolución de conflictos:

1. Identificar	4. Implementar
2. Analizar	5. Comprobar los resultados
3. Generar soluciones	

9.1. Planificación de los Recursos

Esta etapa es la generación del plan de Recursos, en el cual, entre otros, debemos incluir lo siguiente:

- ➢ Plan de beneficios (Sueldos y bonificaciones)
- ➢ Tipo de contratos (Legislación laboral)
- ➢ Métodos de adquisición interna y externa
- ➢ Formación complementaria

9.2. Estimar los Recursos

- ➢ Personal requerido (Cantidad y formación mínima)
- ➢ Histograma de recursos
- ➢ Incorporación y desincorporación (Momento en que ocurre)

9.3. Adquisición de los Recursos

Para esta fase, el PM debe sacar a relucir sus habilidades de negociación para tener a los mejores en su equipo. Para ello, deberá conocer:

- ➢ Las asignaciones previas
- ➢ Recursos con los que se cuenta en la organización
- ➢ Políticas de contratación
- ➢ Negociar con los jefes de departamentos para obtener recursos
- ➢ Las prioridades de la organización

9.4. Desarrollar el Equipo

Una vez adquirido el equipo, comienza la tarea de lograr cohesión, trabajo en equipo, que se interrelacionen, mejorando sus habilidades, sus competencias, logrando que haya confianza.

9.5. Dirigir el Equipo

Se debe gestionar el equipo, incentivando el trabajo para la culminación de las actividades.

9.6. Control de los Recursos

Esta es la etapa de dirigir el equipo, se debe centrar en resolver conflictos entre los miembros del equipo, retroalimentar puntos fuertes, las áreas de mejoras, monitorear el desempeño en individual y en colectivo.

9.7. Tips

- Es muy importante que el PM sea reconocido por sus conocimientos, es el mejor Poder, el de experto.
- Los mejores tipos de poder son "experto" o "recompensas", y en la cola de la lista, están los que utilizan la penalidad y castigos.
- La matriz RAM o RACI <u>NO</u> indica cuándo debe realizar la actividad cada persona
- ¿Por qué el patrocinador figura con el rol de realizar el acta de constitución del proyecto?
  Si bien el acta de constitución la suele armar el director de proyecto, porque tiene los conocimientos para hacerlo, quien firma el acta y tiene una mejor visión estratégica del proyecto es el patrocinador.
- Debería existir un único responsable para cada paquete de trabajo
- Desarrollar el equipo es más beneficioso en las etapas iniciales, pero debe realizarse durante todas las fases del proyecto.
- ¿Qué estilo de liderazgo será mejor al inicio del proyecto? ¿Y durante la ejecución? Durante el grupo de procesos de inicio, es necesario un estilo de liderazgo directivo para marcar el rumbo del proyecto. A medida que se avanza sobre los procesos de planificación y ejecución, el estilo de liderazgo podrá ser consultivo, participativo o facilitador
- El PM debería aplicar diferentes estilos de liderazgo dependiendo de cada situación
- Las principales causas de conflicto se originan por problemas de "agendas", "cambio de prioridades" y "falta de recursos"
- ¿Cuál es la forma más conveniente para la resolución de conflictos? La mejor respuesta sería "Colaborar" que es sinónimo de "Resolución de conflictos"
- Los conflictos son inevitables y la mejor manera de resolverlos es enfrentando el problema buscando la causa raíz de los mismos y una colaboración abierta entre las partes
- Una de las mejores técnicas para la resolución de conflictos es manteniendo una reunión cara a cara con los involucrados. Luego, deberíamos dejar registrado el problema y su posible resolución en el registro de incidentes
- El proceso de estimar recursos está relacionado con el proceso de estimar coste de las actividades.
- Si los recursos tienen disponibilidad ilimitada, la cadena crítica es igual a la ruta crítica.

Capítulo 10 – Comunicaciones

En esta área, abarca los grupos de planificación, ejecución y monitoreo y control. Nos encargamos de todas las comunicaciones, formal, informal, escrito, oral, gestual, etc.

Conceptos Fundamentales

Ruidos: Son los impuestos por el ambiente. Ejemplo: Mala señal que impide una escucha activa.

Bloqueadores: Son los impuestos por las personas. Ejemplo: Comentarios negativos.

Canales de comunicación: Es la cantidad de rutas de comunicación que existen, de acuerdo al número de stakeholders del proyecto. Para calcular el número de canales de comunicación, se utiliza la siguiente formula:

Número de canales = $(n \times (n-1)) / 2$

Donde n, es el número de interesados, es decir, considerar todas las personas involucradas.

Pasos recomendados para reuniones efectivas:

- ➢ Establecer los objetivos de la reunión
- ➢ Establecer agenda
- ➢ Fijar fecha, hora, lugar y asistentes.
- ➢ Enviar por escrito a los asistentes, los objetivos, la agenda, fecha, hora de inicio, duración, lugar y listado de asistentes.
- ➢ Llevar una minuta de reunión con los puntos tratados y establecer, fecha de resolución, y responsable.
- ➢ Hacer seguimiento de lo acordado.
- ➢ Si las reuniones se repiten con regularidad, programar fecha, hora, lugar de la reunión y asistentes con antelación.

Responsabilidad del emisor en las comunicaciones:

1. Codificar el mensaje.
2. Medio para enviar el mensaje.
3. Incluir toda la información necesaria.
4. Confirmar que el mensaje ha sido recibido y comprendido.

Responsabilidad del receptor en las comunicaciones:

1. Decodificar el mensaje.
2. Escucha activa.
3. Prestar atención a la comunicación no verbal.
4. Retroalimentación al emisor.

 Estas son, la comunicación oral formal, oral informal, escrita formal, escrita informal, comunicaciones internas y comunicaciones externas. A continuación un ejemplo grafico de las dimensiones de las comunicaciones.

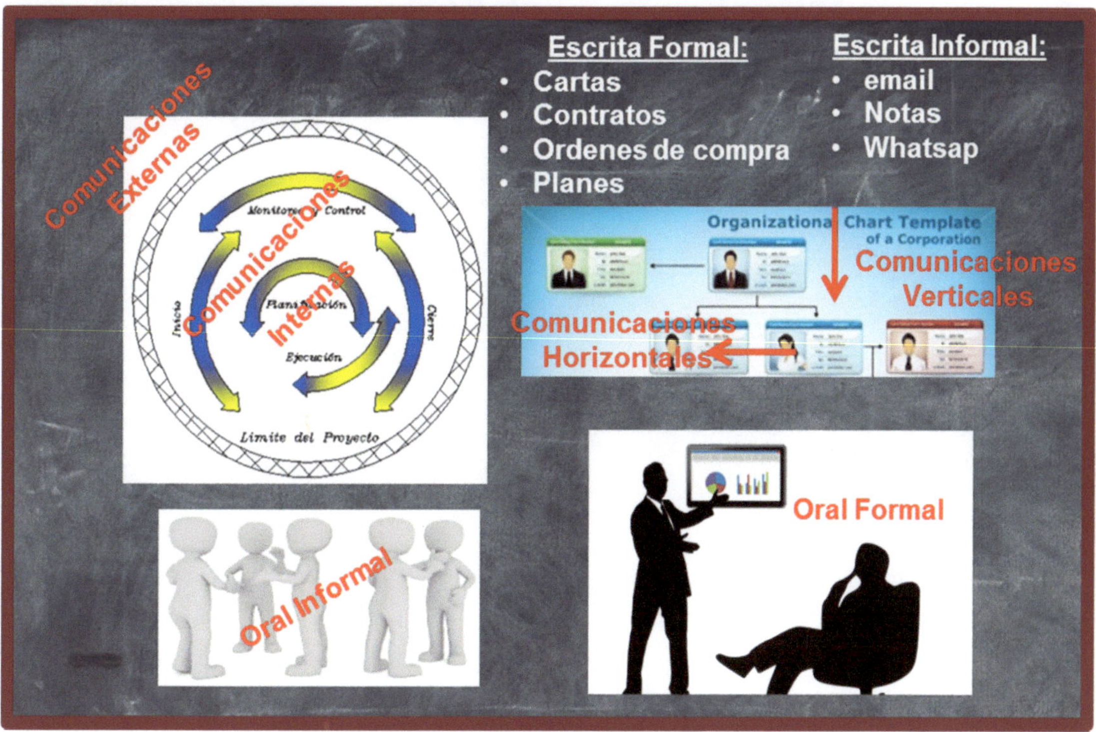

Figura No 7. Dimensiones de las comunicaciones

10.1. Planificación de las Comunicaciones

El Plan de gestión de las comunicaciones, define los siguientes aspectos:

➢ Como realizaran las comunicaciones: Cartas, email, reuniones, informes, etc.
➢ Quienes recibirán las comunicaciones
➢ Frecuencia de las comunicaciones
➢ Tecnología de las comunicaciones
➢ Canales de comunicación
➢ Momento de emisión de las comunicaciones
➢ Responsable de emisión de las comunicaciones
➢ Con quien se comunica cada quien

10.2. Ejecución de las Comunicaciones

Se debe poner en práctica el Plan de gestión de las comunicaciones, para ello se debe mantener informado a los Stakeholders en tiempo y forma. Emitir y responder cartas, correos. Organizar y/o atender reuniones, presentaciones, etc.

10.3. Monitoreo y Control de las Comunicaciones

Confirmar que las comunicaciones realizadas, llegan en tiempo y forma y que el mensaje está siendo decodificado. Lo cual incluye, asegurar que los interesados están al tanto del progreso del proyecto, en coste, tiempo, riesgos, calidad, adquisiciones, recursos.

10.4. Tips

- La principal habilidad de un PM es saber comunicar. No importa qué título tengas y en qué profesión te hayas especializado, si no aprendes a comunicar de manera efectiva no conseguirás proyectos exitosos
- No deberíamos comenzar a comunicar sobre la marcha, planificar las comunicaciones en forma eficiente es ser proactivo
- Un buen plan de comunicaciones incluye quién se comunicará con quién y quién recibirá qué tipo de información
- La (WBS / EDT) es una buena herramienta de comunicación
- Detrás de todo mensaje existe un emisor y un receptor. El emisor codifica el mensaje antes de enviarlo y el receptor lo decodifica al recibirlo, luego el receptor vuelve a codificar el mensaje para enviar su respuesta al emisor que lo decodificará.
- ¿Cuánto tiempo dedica el director del proyecto a las comunicaciones? Aproximadamente un 90% del tiempo lo destina a las comunicaciones
- ¿Qué porcentaje de las comunicaciones son no verbales? Aproximadamente un 60% de las comunicaciones suelen ser no verbales
- El PM debe asegurar que las personas correctas reciban la información apropiada en tiempo y forma
- El PM necesita tener un diálogo fluido con su equipo para discutir sobre la mejor manera de actualizar la información a los interesados del proyecto

Capítulo 11 – Riesgos

En esta área, se trata la gestión de los riesgos, que es la planificación, identificar, analizar, dar respuesta y monitorear y controlar los riesgos sobre el proyecto. Los riesgos están en los grupos de planificación, ejecución y monitoreo y control

Conceptos Fundamentales

Riesgo: Es la probabilidad (Es posible estimarla) de que ocurra un evento que puede traer consecuencias negativas o positivas (amenazas u oportunidades).

En casos de amenazas, se gestiona con las siguientes acciones:

Evitar: Gestionar para impedir que ocurra un riesgo identificado. Aunque no en todos los casos, un ejemplo de evitar, puede ser, cancelar el proyecto.

Aceptar: Aceptar las consecuencias de que ocurra un evento. Puede ser una aceptación activa, que consiste en planificar la respuesta al riesgo. Y una aceptación pasiva, que consiste en actuar sin planificar al momento de ocurrir el evento.

Mitigar: Llevar a cabo acciones preventivas para evitar que ocurra un evento. Ejemplo: Controlar la velocidad de los coches en las autovías.

Transferir: Consiste en dejar en manos de un tercero la responsabilidad de las consecuencias de un riesgo conocido. Ejemplo: Contratar un seguro contra robo o incendio.

En caso de oportunidades, se gestiona con las siguientes acciones:

Explotar: Ejecutar acciones específicas para que ocurra el evento. Esto se da en casos de oportunidades.

Compartir: Aprovechar una oportunidad, en compañía de otras organizaciones o personas. Ejemplo: Ir en UTE para ejecutar un proyecto.

Mejorar: Promover la ocurrencia del evento.

Aceptar: Aceptar las consecuencias del evento, sin intervenir en ello.

Riesgo residual: Son los que se mantienen, aun habiendo aplicado el plan de respuesta al riesgo. Debes aceptarlos y gestionarlos para evitar impactos sobre el proyecto.

Riesgos secundarios: Son aquellos que aparece como consecuencia de la aplicación del plan de respuesta al riesgo.

Riesgos desconocidos: Son aquellos que no se han previsto su aparición en el proyecto.

Incertidumbre: Evento sobre el cual no se conoce la probabilidad de que ocurra.

Síntoma: Evento que indica la posible aparición de un riesgo (Oportunidades o amenazas).

Impacto: Es la cuantificación de las consecuencias sobre las restricciones del proyecto.

Valor monetario esperado: Es la cuantificación en dinero de las consecuencias. La fórmula para el cálculo viene expresado por:

Valor monetario esperado = Probabilidad x Impacto

Arbol de decisión: Herramienta utilizada para cuantificar el impacto de los riesgos del proyecto y sobre la cual se apoya el PM para tomar una decisión.

Categorización de riesgo: Es la clasificación de los riesgos, de acuerdo a su naturaleza.

RBS Risk Breakdown Structure (Matriz de desglose de riesgo): Es una herramienta utilizada para descomponer los riesgos en partes más pequeñas. De tal manera que los riesgos se pueden catalogar como legales, técnicos, económicos, internos, externos, etc.

Análisis cualitativo de riesgos: es la clasificación de los riesgos mediante una técnica intangible, que puede ser: alto, medio, bajo. Aceptable, tolerable, intolerable.

Análisis Cuantitativo de riesgos: Es la clasificación de los riesgos mediante una escala numérica. Para ello se cuantifica la probabilidad y el impacto para cada riesgo.

Black Swan: Riesgo desconocido, de baja probabilidad de ocurrencia, pero de alto impacto.

Técnica Delphi: Es un proceso en el que se plantea un caso a expertos que están separados en su comunicación (anonimato), en la cual un ente externo, coordina que cada experto reciba la información y analice el caso. Una vez recibidos los análisis, el ente externo, informa a los expertos de los argumentos de análisis sobre el caso de los otros expertos y se inicia otra ronda de análisis. Es un proceso cíclico (iterarativo) que se mantiene hasta que haya consenso en las opiniones.

Check List (Lista de control): Es una lista de verificación de variables.

Análisis de sensibilidad: Es el análisis del impacto que puede tener sobre el proyecto, el cambio en una o varias variables.

Actitud frente al riesgo: Es la respuesta que se experimenta frente a la aparición de un riesgo. Existen factores que condicionan dicha respuesta, entre los que se pueden mencionar:

- ➢ **Apoyo financiero:** Existen organizaciones o personas, que al tener un buen soporte económico, pueden sobrellevar con mayor facilidad la actitud frente al riesgo.
- ➢ **Tolerancia:** Grado en que puede ser aceptado un riesgo.
- ➢ **Diversificar:** Buscar otras opciones, soluciones, vías alternativas.

Disparadores: Son los limites, donde se activan los planes de respuesta a los riesgos.

11.1. Planificación de los Riesgos

Se debe generar el plan en donde se debe definir los procedimientos para análisis, valoración y gestión de los riesgos.

11.2. Identificar los riesgos

En este proceso se debe documentar todos los riesgos identificados.

11.3. Análisis Cualitativo

Es la valoración de la criticidad de los riesgos en base a las probabilidades e impacto de estos.

11.4. Análisis Cuantitativo

Es la valoración numérica de los riesgos.

11.5. Plan de respuesta a los riesgos

Es la generación y documentación de las actividades a realizar en el momento de la variación en la ocurrencia de un riesgo o en el caso de que se materialice el riesgo.

11.6. Ejecución de la Respuestas a los Riesgos

Es la ejecución de los planes de respuesta a los riesgos.

11.7. Monitoreo de los Riesgos

Es el seguimiento que se debe a realizar a los riesgos del proyecto. Se debe revisar la aparición de nuevos riesgos, la variación en la probabilidad de ocurrencia, los resultados al aplicar el plan de respuesta y la variación en los impactos.

11.8. Tips

- Otra forma de analizar el valor esperado es compararlo con la prima que se paga a una compañía de seguros
- Las tareas más importantes durante el proceso de gestión de riesgos es la identificación de la mayor cantidad posible de eventos riesgosos
- El equipo de trabajo debe participar en la identificación de los riesgos para mejorar la pertenencia con el proyecto y la responsabilidad hacia los eventos riesgosos
- La identificación de los riesgos es un proceso iterativo que se actualiza en cada uno de los procesos de gestión de riesgos
- A pesar de los valores dados de probabilidad e impacto suelen ser subjetivos, la matriz probabilidad impacto, si es una buena herramienta para lograr, ordenar y priorizar los riesgos
- Existen riesgos de negocios como por ejemplo la pérdida de tiempo y dinero; y riesgos puros como las lesiones o muerte
- Primero se debe realizar un análisis cualitativo de riesgos y luego continuar con el análisis cuantitativo en aquellos riesgos de alta o media prioridad
- Cuando existe una sola ruta crítica y los caminos casi críticos tienen bastante holgura, estimar la duración del proyecto con la técnica PERT lleva a una buena estimación. Ahora bien, cuando existen senderos paralelos o las holguras de los caminos casi críticos son pequeñas, para una buena estimación se debería utilizar la técnica de Monte Carlo
- Planificar la respuesta a los riesgos es el proceso más importante de la gestión de riesgos, pues es aquí donde se toma la decisión de cómo responder a cada riesgo identificado
- Incluir siempre un custodio del riesgo o propietario en cada acción que se decida implementar como respuesta al riesgo
- El control de riesgos es una actividad que va más allá del monitoreo, significa tomar decisiones al respecto
- Los riesgos no prioritarios hay que monitorearlos y revisarlos en forma periódica
- Lo más importante en una reunión de estado del proyecto es identificar y analizar los riesgos

Capítulo 12 – Adquisiciones

En las adquisiciones, se engloban todas las compras destinadas al proyecto, tales como equipos y maquinarias a utilizar en la obra, los materiales para construcción o ensamblaje de equipos, así como los contratos de obras, servicios, subcontratos, etc. Una mención importante, es que las compras de materiales de oficina o cafetería, no se realizan en esta área, ya que son operaciones, por lo que generalmente se encarga, otros departamentos de la organización.

El área de adquisiciones abarca 3 grupos de procesos, planificación, ejecución y monitoreo y control.

Conceptos Fundamentales

Contrato: Acuerdo, por lo general escrito, en que ambas partes se comprometen a respetar y cumplir una serie de condiciones.

Partes de un contrato: En general, un contrato debe contener los siguientes ítems:

- Cronograma
- Coste y acuerdos de pago
- Pólizas y Garantías
- Servicio post venta
- Incentivos y penalizaciones
- Lugar de trabajo
- Objetivos, alcance y entregables
- Condiciones particulares entre las partes
- Métricas y criterios de calidad de aceptación
- Gestión del cambio
- Reportes de avance y de culminación a presentar.
- Leyes, legislación y especificaciones aplicables

Contrato llave en mano: Contrato en que el pago por el trabajo total es cerrado. Puede tener ventajas o desventajas, depende si se está lado cliente o lado ejecutor. Para el cliente, presenta la ventaja, de que si todo ha sido bien definido, sabe que pagara por un precio cerrado al finalizar el proyecto. Pero, si hay indefiniciones al inicio, probablemente le traerá pagos adicionales por cosas no definidas y no incluidas en el contrato. Otra desventaja, es que los costos no tienen por qué ser mostrados al cliente, por lo que si hay ahorro en algún reglón, el cliente no estará enterado, por lo que no podrá hacer reclamo alguno.

Para el ejecutor, también está la ventaja del precio cerrado, que con objetivos y alcance bien definido, el beneficio debe alcanzar la meta. Pero, errores del contratista que hagan incurrir en más gastos, le penalizara, ya que se ha cerrado un precio fijo y los adicionales generalmente debe cubrirlos el contratista.

Contrato por materiales: Son contratos en lo que se fijan precios por unidad de trabajo y en los cuales también se fija un límite de dichas unidades. Tienen una alta carga administrativa, ya que se debe llevar un control riguroso de lo ejecutado, ya que en base a ello se paga la obra. Por otra parte, de haber adicionales de obra, se toman los precios fijados al inicio del contrato, lo que evita largas negociaciones.

Contrato por costes reembolsables: Son contratos en los que el pago se realiza de acuerdo a lo que se vaya ejecutando y probando los costes. Representa gran riesgo para el cliente, ya que debe mantener un riguroso control sobre lo que se gasta, ya que puede terminar pagando sobre costes. Este tipo de contrato, tiene ventajas cuando no están bien definidos los objetivos y el alcance, al inicio del proyecto.

12.1. Planificación de las Adquisiciones

El plan de las adquisiciones, debe incluir, entre otros, lo siguiente:

➤ Que adquisiciones se realizaran durante el proyecto.
➤ Que adquisiciones son de suministro externo y cuáles serán de suministro propio de la organización (Internos).
➤ Tipos de contratos y modelos de contratos a utilizar.
➤ Definir si las ofertas serán públicas o de paneles de contratistas cerrados.
➤ Criterios de selección de los contratistas.
➤ Criterios de evaluación técnica y comercial de las ofertas.
➤ Modelos de presentación de ofertas.
➤ Documentar los requisitos del proyecto.
➤ Garantías a cumplir, seguros a presentar.
➤ Leyes y especificaciones aplicables y de resolución de conflictos

12.2. Ejecución de las Adquisiciones

Se pone en marcha la planificación, para lo que:

➤ Se contacta con los contratistas (Se envía invitación y condiciones).
➤ Se realizan conferencia de oferentes (Reunión aclaratoria).
➤ Se realizan rondas de preguntas y respuestas. Están deben publicarse para que todos los oferentes, realicen su propuesta en las mismas condiciones.
➤ Se analizan las ofertas recibidas y se realizan aclaratorias de las ofertas.
➤ Se negocia y se adjudican los contratos.

12.3. Control de las Adquisiciones

Se monitoreo y controla con los proveedores y contratistas, que los contratos se están ejecutando dentro de lo establecido, también se realiza la evaluación de desempeño de proveedores y contratistas.

12.4. Tips

- Firmar un buen contrato con los proveedores que abastecerán al proyecto es una excelente acción proactiva para disminuir los riesgos antes que comience la ejecución del proyecto.
- Todos los requisitos del proyecto deben estar en el contrato.
- Lo que no figura en el contrato, sólo puede cambiarse a través del control integrado de cambios.
- Cualquier cambio debe ser por escrito y requiere la firma de ambas partes.
- El PM debería ser asignado antes de la firma del contrato para disminuir los riesgos.
- El tipo de contrato que se elija determinará los riesgos tanto para el comprador como para el vendedor.
- Desde el punto de vista del comprador, el contrato de mayor riesgo financiero es costo + % de costo. Este tipo de contratos descuidan los intereses del cliente.
- Todo contrato para que sea legalmente vinculante debe tener: objeto, oferta y voluntad de las partes.
- Un modelo de contrato preliminar suele incluirse en los documentos de la adquisición.
- Carta de intención: No es un contrato. Indica la intención del comprador de adquirir un bien o servicio a un vendedor.
- Durante la conferencia de oferentes, las preguntas y respuestas deberían ser públicas hacia los vendedores para que todos tengan la misma información del proyecto y puedan competir en igualdad de condiciones.
- Si el estimado realizado por la organización, es muy elevada a las recibidas de algún contratista, se debería sospechar que se está comprando riesgo por un posible incumplimiento con al alcance, la calidad, los plazos o los costos.
- Violación del contrato (breach): cuando alguna obligación del contrato no se cumple.
- Si no se aclara de otra forma, el gerente del contrato es el único que puede hacer cambios.

Capítulo 13 – Stakeholders (Interesados)

La gestión de los interesados la tenemos en 4 grupos de procesos, inicio, planificación, ejecución y monitoreo y control.

Conceptos Fundamentales

Salience: Prominencia, rasgo sobresaliente.

Matriz Poder – Intereses: Es una herramienta que se usa para analizar a los stakeholders, los cuales de acuerdo al poder que tengan y al intereses que demuestren sobre el proyecto, recomienda gestionar como monitorear, mantener informados, mantener satisfechos o gestionar de cerca. Ver figura No 8.

The salience model: Este modelo fue desarrollado por Mitchell, Agle y Wood para el análisis y gestión de las necesidades de los stakeholders. La teoría se basa en 3 conceptos básicos:

➢ Poder: Influencia sobre las decisiones del proyecto.
➢ Legitimidad: Poder moral o legal para influir en las decisiones.
➢ Urgencia: Tiempo de respuesta que requieren de las acciones o tareas.

Bien sea, porque algún interesado poseo alguna característica de las anteriores de manera individual o en combinación de 2 ó 3 de ellas, se pueden clasificar en: latentes, discrecionales, demandantes, dominantes, peligrosos, dependientes, prioritarios y una última categoría, los no interesados, que son quienes no se ven afectados por el proyecto. Ver Figura 8.

Se dividen en grado de atención baja los 1, 2 y 3; atención media los 4, 5, 6 y atencion alta los catalogados 7.

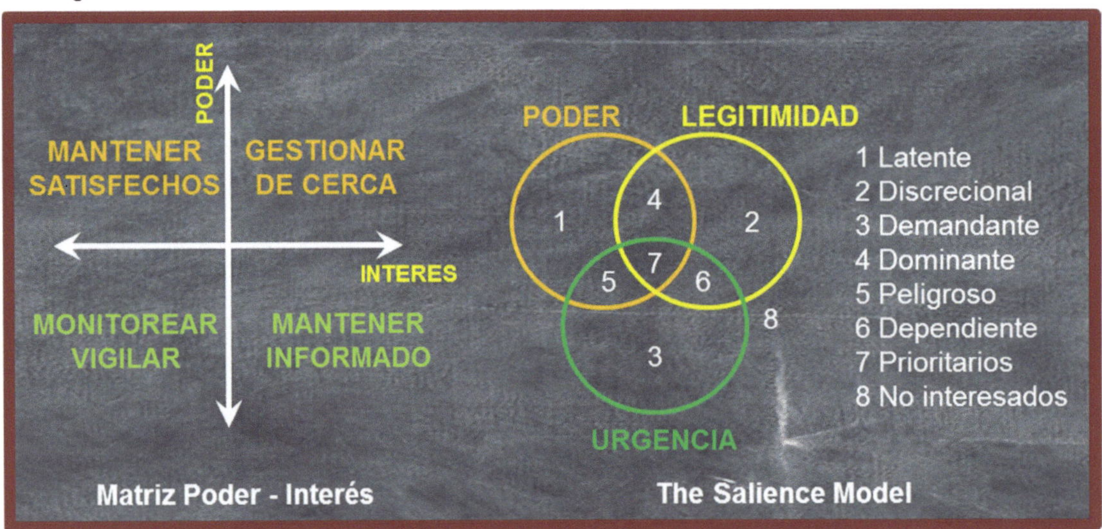

Figura No 8. Matriz Poder – Interés / The Salience Model

Influencia: Involucrarse en el desarrollo del proyecto.

Impacto: Capacidad de ejercer cambios sobre el proyecto.

Matriz Impacto - Influencia: Matriz utilizada para establecer la estrategia, para gestionar a los interesados.

Figura No 9. Matriz Impacto - Influencia

13.1. Inicio de los interesados

Es esta etapa se realizan dos actividades, identificar y analizar los interesados, las cuales se detallan a continuación.

13.1.1. Identificar a los Stakeholders (Interesados)

Identificar a los interesados, consiste en realizar un registro detallado de todas las personas u organizaciones que se ven afectadas por el proyecto o que pueden influenciar sobre este. En esta actividad de debe recopilar en una base de datos, llamada Registro de Stakeholders, toda la información posible de los stakeholders.

ORGANIZACION   **REGISTRO DE STAKEHOLDERS**

Codigo del Proyecto	1000-1234
Fecha de inicio	01/01/2017
Fecha actualizacion	01/02/2017
Revision	A

Item	Nombre	Apellidos	Externo/Interno	Organización/Cargo	Rol en el Proyecto	Ubicación	Requerimientos	Expectativas	Intereses	Apoya/Neutral/Se opone

Figura No 10. Ejemplo de Registro de Stakeholders

13.1.2. Análisis de Stakeholders

Esta actividad consiste en analizar su poder, interés, influencia, apoyo/neutral/se opone, es decir, completamos el Registro de Stakeholders. Para ello podemos valernos, entre otros, de la matriz intereses – poder o de the salience model.

13.2. Planificar la Gestión de los Stakeholders (Interesados)

Basándonos en la información que se tiene del proceso de inicio y resumido en el registro de stakeholders, se procede a planificar la estrategia para la gestión de los interesados y para ello, utilizamos la matriz impacto influencia.

13.3. Ejecución de la Gestión de los Stakeholders

Debe comunicarse de manera frecuente y proactiva con los interesados para involucrarlos con el proyecto y satisfacer sus necesidades y expectativas. Además, se gestionan los conflictos entre los interesados en tiempo y forma.

El DP es el responsable de llevar a cabo el proceso de gestionar la participación de los interesados en el proyecto. Durante este proceso se administran las comunicaciones con los interesados a los fines de satisfacer sus necesidades y mitigar potenciales conflictos.

13.4. Monitoreo y Control de los Interesados

Se debe realizar un seguimiento de las relaciones y comportamiento de los interesados a lo largo de todo el proyecto, y ajustar la estrategia de gestión, cuando sea necesario, para mantener el compromiso de los grupos de interés con el proyecto.

Durante el proceso de controlar la participación de los interesados se lleva a cabo un seguimiento de los impactos del proyecto en los interesados y viceversa. Por su parte, cuando se lo considera necesario, se mejora o corrige la estrategia de gestión de los interesados.

13.5. Plan de Gestión de Interesados

Es el conjunto de procedimientos y actividades a realizar para la gestión de los interesados en cuanto a impacto, compromiso, comunicación y relaciones entre estos.

13.6. Tips

- Los buenos PM desarrollan estrategias de gestión y comunicación con los interesados para involucrarlos en las principales decisiones del proyecto y así facilitar su ejecución
- Querer quedar bien con todos los interesados es casi imposible, pero gestionar su influencia para mantenerlos comprometidos con el proyecto es la clave del éxito.
- La identificación de todos los interesados en las fases iniciales es clave para un proyecto exitoso. Si nos olvidamos de alguien que aparece luego con el proyecto en marcha, podría colocar trabas en la ejecución
- El PM debe monitorear el estado de poder, legitimidad y urgencia de los interesados, ya que estos atributos pueden aparecer o desaparecer a lo largo del ciclo de vida del proyecto
- En las fases iniciales del proyecto es recomendable involucrar a los interesados más experimentados con un rol de liderazgo, una vez que el proyecto avanza, podrían pasar a un rol de soporte
- Una correcta gestión de los interesados se da cuando el PM logra la participación de todos los interesados en el proyecto
- El PM debería contactarse con los interesados para comprender cuáles son sus intereses a los fines de mejorar el compromiso de ellos con el proyecto
- El PM siempre debe ser proactivo y tener en cuenta las necesidades de los interesados, aun cuando sepa que no las podrá resolver. De esa forma podrá mantener una fluida comunicación con los interesados y mantener abiertos los canales de comunicación
- Los interesados tienen más chances de poder influir sobre el proyecto en sus fases iniciales
- Si el PM gestiona de manera correcta la participación de los interesados, podrá alinear los objetivos del proyecto con las necesidades de los interesados, lo que facilitará la sostenibilidad del proyecto

Capítulo 14 - Recomendaciones Finales

Recomendaciones Antes de Presentar el Examen de Certificación

Ya que has llegado hasta este capítulo del libro, intuyo que vas a certificarte. Bien, a continuación te hago una serie de recomendaciones y sugerencias.

14.1. Antes de Apuntarte al Examen

1. Hazte con un simulador del examen, en el mercado puedes encontrar varios.

2. Cuando hagas tus primeros exámenes en el simulador y veas tus resultados, revisa bien cada pregunta y su respuesta.

En las que has errado, devuélvete a tus apuntes, a los libros, busca el por qué has errado y acláralo. En las que hayas respondido bien, asegúrate de interiorizar el significado de la respuesta (Ojo, no es memorizar).

3. Cuando ya te sientas que puedes afrontar otro reto, sigue en el simulador con más exámenes, esta vez midiendo tu tiempo (Recuerda que son, 200 preguntas y 4 horas para responder al PMP).

Aquí ya puedes comenzar a practicar en cosas reales para el examen, prueba escribir en un papel las formulas y asegurar así, que te las has aprendido, date para esto, entre 5 y 10 minutos.

4. Asegúrate, que para realizar estos exámenes en el simulador, estés en un ambiente tranquilo, sin ruidos, que nadie te va a interrumpir, apaga tu móvil y comienza hacer tu examen.

5. Si durante el tiempo que estas realizando el examen, te entran ganas de ir al baño o de tomar agua, hazlo, durante el examen real, podrás hacerlo. Pero recuerda, es tiempo que se contabiliza.

6. Una vez que hayas finalizado, revisa el tiempo y tu puntuación y repite el paso 2 en ciclo.

7. Realiza exámenes, hasta que te asegures que logras un 80 % de la nota aprobatoria dentro del tiempo reglamentario.

8. Si aun después del paso 7 no te sientes con garantía de éxito, sigue haciendo exámenes, hasta que sientas seguridad.

14.2. Prerrequisitos Para Registrarse al Examen

Debes tener decidido a cuál de las dos certificaciones, a las que el libro está dirigida vas a optar.

14.2.1. Certified Associate in Project Management (CAPM)®

Tienes 2 opciones para aplicar:

Primera Opción:

➢ Tener un Titulo de Educación Técnica o equivalente.
➢ Tener una experiencia de 1.500 horas liderando Proyectos. Esta experiencia será revisada por el PMI y la misma podrá ser objeto de auditoria.

Segunda Opción:

➢ Poseer 23 horas de educación en Project Management (Gestión de Proyectos) completado, para el momento de realizar el examen.

14.2.2. Project Management Professional (PMP)®

Tienes 2 opciones para aplicar:

Primera Opción:

➢ Tener un Titulo de Educación Grado Superior o equivalente.
➢ Tener una experiencia de 7.500 horas liderando Proyectos. Esta experiencia será revisada por el PMI y la misma podrá ser objeto de auditoria.
➢ Poseer 35 horas de educación en Project Management (Gestión de Proyectos) completado, para el momento de realizar el examen.

Segunda Opción:

➢ Tener 4 años de graduado.
➢ Tener una experiencia de 4.500 horas liderando Proyectos. Esta experiencia será revisada por el PMI y la misma podrá ser objeto de auditoria.
➢ Poseer 35 horas de educación en Project Management (Gestión de Proyectos) completado, para el momento de realizar el examen.

14.3. Creando un Archivo de Experiencia en Proyectos

Este paso aplica, para aquellos que opten aplicar con horas de experiencia para presentar el examen.

Es recomendable, hacer un resumen de la experiencia que se tenga gestionando proyectos, así, al momento de rellenar los datos online, te será más fácil vaciarlos en la página web del PMI.

Debes considerar tener para cada proyecto los siguientes datos (Todos los datos en inglés):

➢ Nombre del proyecto.
➢ Fecha de inicio y de finalización en el proyecto.
➢ Rol en el proyecto.
➢ Tipo de industria.
➢ Título del puesto ocupado dentro del proyecto.
➢ Nombre, dirección y teléfono de la organización.
➢ Nombre, email y teléfono de la persona contacto en la organización.
➢ Relación con la persona contacto.
➢ Descripción del proyecto, incluyendo objetivos y responsabilidad ejercida en cada grupo de proceso de inicio, planificación, ejecución, monitoreo y control y cierre. Debes completar esta parte con un mínimo de 300 caracteres y un máximo de 550 caracteres.
➢ Horas que invertiste en cada grupo de proceso, es decir, en inicio, planificación, ejecución, monitoreo y control.
➢ Horas totales invertidas en el proyecto.

14.4. Registrándose Para el Examen

1. Ingresa en la página del PMI: www.pmi.org/ y regístrate en el PMI, si es que no lo has hecho aún. El link de registro es el siguiente:

https://authentication.pmi.org/Default.aspx?r=certification.pmi.org/default.aspx&s=true

Al registrarte, deberás rellenar información como:

➢ Dirección de contacto.
➢ Información de contacto.
➢ Grado de educación alcanzado.
➢ Información referente a experiencia en gestión de proyectos o educación referente a gestión de proyectos. Aquí te servirá la información del paso 14.3.
➢ Información que consideres relevante.
➢ En el apartado "Certificate", debes ingresar tu nombre, como quieres que aparezca en tu certificado emitido por el PMI.
➢ Estar de acuerdo con el Agreement presentado y Enviar la información para ser evaluado por el PMI (Suele ser de 5 días hábiles).

> El PMI se comunicara contigo, para indicarte si tu solicitud ha sido aprobada o debes participar de una auditoria, de ser esto último, ya te indicaran los pasos a seguir.
> Una vez aprobada la solicitud, se dispone de un año para realizar el examen, pudiendo realizarse hasta en 3 ocasiones.

14.5. Poniendo Fecha al Examen

Una vez que tu solicitud ha sido aprobada por el PMI, debes continuar con los siguientes pasos:

> Ingresa en tu perfil, de la página web del PMI.
> Tendrás la opción de hacer el examen sin hacerte miembro del PMI (pagando los respectivos aranceles) o haciéndote miembro del PMI. La opción más recomendable es, hacerte miembro del PMI (pagando los respectivos aranceles).
> Si decides hacerte miembro del PMI, también se te presentara la opción de hacerte miembro del PMI Chapter más cercano a tu domicilio, que se recomienda hacerlo (pagando los respectivos aranceles). En mi caso, soy miembro del PMI Madrid Spain Chapter.
> El examen puedes ser realizado on line (CBT) o en papel (PBT).
> Una vez que has decidido cómo hacer el examen y has pagado los aranceles que corresponden, puedes ingresar y seleccionar la fecha que más te convenga.
> Puedes tener una ayuda de traducción para el examen, pero esta opción debes activarla cuando estés durante el proceso de pago del examen.
> Para la opción del examen PBT es necesario cumplir algunas de las siguientes condiciones: Si vives al menos a 300 Km de distancia de un centro CBT o para las organizaciones que desean realizar la prueba en grupo a sus miembros.
> Si requieres por alguna circunstancia cambiar la fecha de tu examen, debes considerar lo siguiente: Si has elegido la opción CBT, tienes hasta 2 días antes de la fecha del examen, para modificar o cancelar. Debes tener en cuenta que aplican costes, de acuerdo a la antelación con que hagas el cambio. Si has elegido la opción PBT, tienes hasta 35 días antes del examen para cancelar o modificar la fecha. Luego de esta solo podrás modificarla motivado a desastre natural, fallecimiento o enfermedad de familiar, condición médica personal o despliegue militar.
> Para solicitar el cambio de fecha al PMI, debes enviar un correo electrónico a pbtexams@pmi.org indicando tu nombre, número de identificación de PMI, número de identificación del grupo y la localización del evento PBT.

14.6. Durante el Examen

Debes tomar en cuenta lo siguiente:

> Debes presentar el documento nacional de identidad en vigor para presentar el examen.
> Se te suministra papel, lápiz y calculadora (puede ser la del PC) para el examen CBT.
> Se te suministra papel y lápiz para el examen PBT.
> Aprovecha los primeros 10 minutos del examen y apunta las formulas en el papel que te han suministrado.
> Dispones de 4 horas para realizar el examen en el caso de PMP y 3 horas en el caso de CAPM, dentro de las cuales puedes, si tienes algún motivo, ir al aseo.
> El examen consta de 200 preguntas tipo test en el caso de PMP y 150 preguntas en el caso de CAPM, tendrás cuatro opciones para responder y solo una es la correcta.
> De las 200 preguntas para PMP solo 175 de ellas son puntuables, las restantes 25 no puntúan, pero en ningún momento sabrás cuales puntúan y cuáles no.
> De las 150 preguntas para CAPM solo 135 de ellas son puntuables, las restantes 15 no puntúan, pero en ningún momento sabrás cuales puntúan y cuáles no.
> Para el examen CBT, si has elegido la opción de tener ayuda de traductor, debes considerar que al momento de responder lo harás en las opciones en inglés, el traductor es solo una ayuda.
> Las preguntas en las que has errado no te restaran puntuación de las respondidas correctamente.
> Si has realizado el examen en formato CBT, tendrás los resultados al finalizar el examen.

> ➢ Si has realizado el examen en formato PBT, los resultados tardaran unos días.

14.7. Después del Examen

> ➢ Si no has aprobado el examen, recuerda que tienes hasta 3 oportunidades para presentar el examen, en un año natural.
> ➢ Si has aprobado el examen, debes saber que la vigencia del certificado es de tres años, contados a partir de la fecha en que has hecho el examen.
> ➢ Durante estos 3 años, debes reunir 60 PDUs para obtener la renovación del certificado por 3 años más y así sucesivamente.
> ➢ Una manera de obtener PDUs, es asistir a las reuniones que se realicen en el PMI Chapter al que pertenezcas.

www.ingramcontent.com/pod-product-compliance
Lightning Source LLC
LaVergne TN
LVHW071621180726
843512LV00002B/222